DICHTERWETTSTREIT *deluxe*

Über die Autorin

Theresa Sperling (*1971 in Berlin) war früher Tänzerin, heute lebt sie mit ihrem Mann und ihren beiden Söhnen in der Grafschaft Bentheim, wo sie an einem Gymnasium die Fächer Deutsch, Englisch und Darstellendes Spiel unterrichtet. Nebenberuflich schreibt sie Romane und Theaterstücke. Seit 2015 war sie jedes Jahr Finalistin der niedersächsisch-bremischen Meisterschaften im Poetry Slam, die sie 2023 im Einzel- und Teamwettbewerb mit Matti Linke gewann. 2020 siegte sie bei den deutschsprachigen Meisterschaften im Team mit Sebastian Hahn. Sie wurde 2023 deutschsprachige Einzel-Meisterin im Poetry Slam, 2024 Europameisterin. Mehr unter: www.theresa-sperling.de

Theresa Sperling

SEZIERUNG

Aus gegebenem Anlass

33 Texte aus 2014–2024

DICHTERWETTSTREIT *deluxe*

4. Auflage 2025
© 2024 Dichterwettstreit deluxe, Villingen-Schwenningen/Tübingen
www.dichterwettstreit-deluxe.de/impressum

Lektorat: Elias Raatz
Coverillustration: Julia Siegmund
Design: T-Sign Werbeagentur
Druck: BOD GmbH, Norderstedt

Die Deutsche Nationalbibliothek verzeichnet diese Publikation in der Deutschen Nationalbibliografie; detaillierte bibliografische Daten sind im Internet über https://portal.dnb.de/ abrufbar.

ISBN: 978-3-98809-015-7
ISBN E-Book: 978-3-98809-016-4

Mehr über uns finden Sie unter:
www.dichterwettstreit-deluxe.de

Widmung

Für Noah, Julian & Simon
und für all die Menschen, die mich darin bestärkt
haben, weiterzuschreiben und mich der Bühne
immer wieder zu stellen.

Inhalt

Vorwort: Aus gegebenem Anlass 8

Medusa 13

Was ich meinen Söhnen nie selber sagen würde 18

Holy fuckin' stage 24

Sezierung 29

Amilija 36

Zwei Brüder 42

Moritat 49

Das erste Mal 54

Ludwigs Blumen 60

Pyralinderkugel 66

Was wird 70

Fatma Fee Fingernagelgroß 75

Suchstaben 81

Die zwölfte Fee 87

Oh Menschenkind 94

In der Küche wartet Milchkaffee 99

Häute 104

Rockstars 110

Louis Goldkind 117

Argumentationsstrangulation 124

Mahnmal 130

Hand 135

Post-Corona-Liebesschwur 139

Ich weiß es einfach nicht 143

Wölfe 147

Wanderer der Nacht 154

Der Coach 158

Begnadete Hände 164

Dien Hoff, mien Jung 168

Was ich meinen Töchtern, glaube ich, nie selber sagen
würde 172

Ich habe mich verliebt.......................................178

Glut 182

Epilog: Liebesbrief..188

Vorwort: Aus gegebenem Anlass

Die Gedichte dieser Textsammlung sind Slamtexte, sie wurden geschrieben, um auf einer Bühne performt und vom Publikum live erlebt zu werden. Die geschriebene Fassung dient deshalb nur der Dokumentation, dem Nachlesen, als Erinnerungsstütze und Analysegrundlage. Ich hoffe, du hast mindestens einen der Texte live gesehen, dann kannst du dir beim Lesen besser vorstellen, mit welchem Rhythmus, welcher Dynamik, Melodie und Lautstärke, mit welchen Tempi und Pausen und mit welcher emotionalen Dringlichkeit oder Distanz der Text gesprochen wird, welche Atmosphäre er im Publikum erzeugt und wie er (nach)wirkt.

In der schriftlichen Form fällt die häufige Verwendung von Apostrophen auf, die zeigen, wo beim Sprechen Silben abgekürzt werden. Die unterschiedlich langen Verse sind der Versuch, Flow und Sprechpausen widerzuspiegeln. Die meisten Texte findest du zwar auf YouTube als Video, das dir zumindest ein Bild von der Vortragsweise vermittelt, doch auch zweidimensionale Videos können die Wirkung eines Live-Auftritts nur in Ansätzen einfangen.

Jedem Text habe ich ein Vorwort vorangestellt, in dem ich dich – wie du schon gemerkt hast – einfach duzen werde. Im Vorwort erzähle ich dir, wie und warum der Text entstanden ist. So mache ich das auf der Bühne in der Regel auch. Im Nachwort erfährst du etwas zur Rezeption des Textes, was aus ihm oder seinen Protagonist*innen geworden ist. Bitte lass den Text nach dem Lesen unbedingt erst ein wenig auf dich wirken, bevor du die Anmerkung liest.

Normalerweise brauche ich von der Idee eines Textes bis zu dessen Premiere ungefähr vier Wochen. Ich schreibe den Text innerhalb von ein bis zwei Tagen und beginne dann damit, ihn auswendig zu lernen. Während dieser Phase verändert sich der Text maßgeblich, weil ich ihn akribisch an meine Mundmuskulatur und meinen Sprechduktus anpasse. Nach vier Wochen ist der Text bereit für die Bühne, das heißt, dass ich die für mein Empfinden und mein Können bestmögliche Version geschaffen habe. Ein ausgefeilter Slamtext schreibt sich nicht an einem Tag.

Auch wenn ich meine fertigen Texte selten und nur minimal verändere, ist mir das konstruktive Feedback meiner engsten Kolleg*innen wichtig. Die Einschätzung eines Textes im Backstage unterscheidet sich nicht selten fundamental von der Einschätzung des Publikums, weil die Auftretenden im Gegensatz zur Publikumsjury in der Regel sehr klare Vorstellungen von Bewertungskriterien und sehr viel Vergleichsmöglichkeiten haben.

Es kommt durchaus vor, dass ein Text, der beim Publikum gerade mit niedrigen Wertungen abgestraft wurde, im Backstage gefeiert wird.

Manchen Slammer*innen ist es relativ egal, wie sie punkten, denn letztendlich ist die fundierte Bewertung von Literatur mittels Punktetafeln durch die beim Slam relativ willkürlich zusammengewürfelte Jury ohnehin nur bedingt möglich. Diese bewertet ohne einen vorliegenden Kriterienkatalog und manchmal auch ohne nennenswertes literarisches Grundwissen. Untereinander achten wir viel mehr auf sprachliche Finessen und innovative Kunstgriffe – Kriterien, die das Publikum in der Regel weniger interessieren als die inhaltliche Aufarbeitung des Themas und der Charme der Performenden. Um dem Publikum eine möglichst große künstlerische Bandbreite zu bieten, laden Veranstaltende auch Slammer*innen ein, die das Format brechen, experimentierfreudig und provokativ sind. Möglicherweise punkten sie niedriger, bereichern aber durch textuelle Diversität und literarisches Niveau.

Natürlich ist jeder Mensch, der Geschriebenes veröffentlicht, ohnehin einer Wertung ausgesetzt. Mit der Fertigstellung meiner ersten beiden Slamtexte begannen im Familien- und Freundeskreis sofort die Vergleiche, noch bevor ich überhaupt das erste Mal auf einer Slambühne stand. Welcher der beiden Texte ist ausdrucksstärker, schöner, wichtiger, berührender? Um Texte bewerten zu können, vergleichen Menschen Texte miteinander, auch Literaturprofis bilden ihr Urteil über einzelne Texte auf der Grundlage ihrer gesammelten Literaturerfahrungen.

Das ist logisch, aber in der Praxis auch ein wenig schade. Menschen haben nach Slams oft den Drang, mir mitzuteilen, welcher meiner Texte ihnen besser gefallen hat: „Besonders Ihr erster Text hat mich sehr berührt."

Ich mache das gedanklich mit Texten anderer Slammer*innen genauso, sobald ich mehr als einen Text von ihnen kenne. Das scheint ein menschlicher Automatismus zu sein und das ist Slam – ein Wettbewerbsformat, das der Bewertungslust des Publikums entgegenkommt.

Es gibt inzwischen dennoch immer mehr Poetry Slams, die ohne den Wettbewerb auskommen, denn auch beim geübten Publikum stellt sich langsam eine gewisse Bewertungsmüdigkeit ein. Wenn Slam kein Wettbewerb mehr ist, sondern eine Show, in deren Rahmen stilistisch und sprachlich möglichst breitgefächerte Slamtexte performt werden, dann definiert sich das Genre Slamtext auch recht einfach: Ein Slamtext ist ein auf ein Vortragszeitlimit von bis zu sieben Minuten begrenzter literarischer Text, der für den Vortrag vor Publikum ohne Verwendung von Requisiten und Kostüm verfasst wurde und vom Schreibenden selbst vorgetragen wird.

Häufig werde ich gefragt, welcher meiner Texte mein Lieblingstext ist. Das ist ein bisschen so wie Leute zu fragen, welches ihrer Kinder ihr Lieblingskind ist. Alle Texte, die du in diesem Buch findest, mag ich. Mir ist bewusst, dass manche Texte die Menschen mehr „berühren“ als andere, dafür sind andere sprachlich vielleicht herausfordernder und damit weniger zugänglich. Manche Texte befassen sich mit Themen, für die sich möglicherweise nur wenige Menschen interessieren, aber für den einen Menschen im Publikum, der sich angesprochen fühlt und mit dem Text verbinden kann, sind sie von großem Wert. Vielleicht gelingt es dir ja entgegen unserem Bewertungs- und Vergleichsbedürfnis, meine Texte einzeln zu betrachten, zu genießen und wertzuschätzen. Das wäre mein Wunsch an dich.

Bevor du anfängst, in meine Texte einzutauchen, möchte ich, dass du weißt, dass dieses Buch nie ohne die Unterstützung lieber Menschen entstanden wäre: Mein Mann hält mir seit nun fast 25 Jahren wirklich aufopferungsvoll den Rücken frei, ich könnte nicht mehr Glück gehabt haben. Meine Eltern schreiben beide selbst, sind mir ein großes Vorbild und haben alles dafür getan, ihren Kindern einen Zugang zu Kunst und Literatur zu eröffnen. Die beeindruckende Künstlerin Julia Siegmund hat mir das wundervolle Titelbild zur Verfügung gestellt. Mein besonderer Dank gilt meinem Lektor und Verleger Elias Raatz, der sich von Anfang an so professionell und zugleich fürsorglich, so zuverlässig und zugleich offenherzig um dieses Buch gekümmert hat.

Theresa Sperling, 2024

Medusa
2014

„Medusa" ist der erste Slamtext, den ich geschrieben habe. 2014 war ich mit meinen Theaterschüler*innen in einem Jugendtheaterstück, in dem die Theatergruppe einen sehr bekannten Slamtext szenisch darstellte. Ich war total verzaubert von dem rhythmischen Sog des Textes und dem dichten und zugleich zugänglichen Inhalt. Bis zu diesem Zeitpunkt dachte ich, Poetry Slams seien anstrengende Lesungen erfolgloser Autor*innen, die intellektuell abgehobene Texte schreiben. Noch am selben Abend sah ich mir restlos begeistert Dutzende von Slamtexten auf YouTube an. Ich hatte bereits zwei Romane geschrieben, die mich jahrelang absorbiert hatten, und fand die Möglichkeit sehr reizvoll, ein Thema sprachlich und inhaltlich so zu verdichten, dass es sich dem Publikum in nur wenigen Minuten erschließt.
Also schrieb ich „Medusa":

Vor über 200 Jahren segelte eine französische Fregatte namens Medusa nach Südafrika. Auf dem Weg lief das Schiff auf eine Sandbank auf und drohte zu kentern. Da nicht genug Rettungsboote an Bord waren, ließ der Kapitän aus dem Holz des Schiffes ein riesiges Floß bauen, auf dem das „Fußvolk" an Land gezogen werden sollte. Als man alle auf das Floß verfrachtet hatte, stellte man fest, dass die Menschen bis zu den Hüften im Wasser standen und die Fahrt nicht überleben würden. Also ließ der Kapitän die

Seile kappen und die höheren Herrschaften fuhren
mit den Rettungsbooten an Land.
Nach elf Tagen fand ein Suchtrupp das Floß endlich
auf dem offenen Meer. Von den 149 Menschen wa-
ren nur noch 15 am Leben, den Rest hatten sie über
Bord geworfen oder gegessen, um zu überleben.
Das Ganze trug sich zu vor rund zweihundert Jahren,
als die Menschen hier im Raum noch nicht geboren
waren.
Es geht uns nichts an,
wir haben damit nichts zu tun.
Es scheint nicht unsere Schuld zu sein,
also lassen wir es ruh'n.
Und trotzdem hoffen wir, wir betreten niemals ein
zum Kentern verurteiltes Schiff.
Und wir hoffen, wir kriegen unser zum Scheitern
verurteiltes Leben noch in'n Griff.
Wir wissen aus der Medien täglich Nachrichten-
report, Kapitäne, die die Seile kappen, gibt es fast
an jedem Ort, und in fast jedem Land gehen täglich
viele Menschen über Bord.
Meist die Kranken, meist die Kinder, meist die
Schwachen und die Guten,
denn der Mensch an sich ist fähig zu Dingen, die
könn'n wir nur vermuten.
Es gibt Menschen, die dich töten, dich missbrau-
chen und dann essen,
dich vergewaltigen und foltern, dich vergraben und
vergessen.
Und wir stehen vor der Entscheidung,

ob wir springen oder bleiben,
ob wir essen oder sterben,
ob wir töten oder leiden,
ob wir aufstehen und laut schreien
oder zusehen und schweigen.
Doch wer schweigt, der wird vergessen,
und wer kämpft, der will nur essen,
und wer aufgibt, wird gegessen.
Und am Schluss stellt sich die Frage,
wer das Ganze überlebt,
denn wer die andren überlebt,
hat sie vermutlich selbst ermordet,
hat wahrscheinlich gedacht, dass es richtig sei,
weil die Situation es so erfordert,
oder zumindest, dass es nicht falsch sei
in Anbetracht der Lage,
oder zumindest stellt die Lage
die Normal-Moral in Frage.
Vielleicht haben die, die leben, überhaupt nicht
nachgedacht,
haben all die andren aus Verzweiflung umgebracht,
haben Kinder, Kranke, Frauen, Feinde, Freunde
über Bord gefeuert,
instinktiv, so wie die Tiere, von Natur aus triebgesteuert,
denn der Trieb zu überleben ist so tief in uns begraben
wie die Menschheit, wie die Träume, wie die Seele,
die wir haben.

Und so sitzen wir tagtäglich und für immer auf dem
Floß im Meer.

Das Leben um uns herum gibt auf den ersten Blick
verdammt viel her.
Wir haben strahlende Sonne, blaues Wasser. Mensch
und Natur formen wieder eine Einheit.
Wir haben perfekten Empfang, Geld wie Salz
und die ultimative virtuelle Freiheit,
doch die Sonne brennt, die Haie warten
und das Salz verätzt den Magen,
und was wir uns so sehr gewünscht haben,
wird auf einmal zur Bedrohung,
und Hunger, Durst und Schmerz und Leid
führen bekanntlich zu Verrohung.

Und so töten wir und essen,
um nicht selbst vor die Hunde zu gehen.
Oder zumindest sehen wir zu,
wie die anderen vor uns zu Grunde gehen,
und so sind wir doch letztendlich alle Teil
dieser Geschichte, die wir so schwer ertragen kön-
nen, weil
wir die sind, die noch nicht tot sind, sondern leben
und noch fragen können.
Wir können fragen, ob und wie wir alle leben wollen,
ob noch mehr Leute über Bord gehen oder alle
überleben sollen.
Oder keiner überlebt und dafür wird auch keiner
mehr gegessen.
Und wenn wir alle dafür einstehen, wird auch keiner
mehr vergessen,
weil wir noch ein wenig Zeit haben,

um uns endlich mal zu fragen,
wer wir sind und was uns ausmacht,
was wir wollen, wünschen, hoffen, träumen,
was uns wirklich etwas ausmacht.
Und wenn wir schließlich kollektiv vor dem Verdursten kollabieren,
wissen wir wenigstens, wer wir waren und warum
– verdammt – wir existieren,
wissen wir wenigstens, was uns von Wahnsinn und
von Trieben unterscheidet,
wissen wir wenigstens, dass der neben uns kein
schlimmeres Los erleidet,
wissen wir wenigstens, dass wir gelebt haben und
sterben, wenn der Zeitpunkt da ist
und nicht wenn unser Körper auf dem Spieß des
andren gar ist,
wissen wir wenigstens, dass wir Menschen waren,
wissen wir wenigstens, dass wir menschlich waren,
wissen wir wenigstens, dass der Mythos von mehr
Menschlichkeit noch wahr ist.

Anmerkung: Nachdem ich „Medusa" geschrieben hatte, überkam mich das rückwirkend betrachtet ziemlich alberne Gefühl, ich hätte mit diesem Text alles Wichtige über das Menschsein gesagt und es gäbe nichts mehr, worüber ich schreiben könnte. Allerdings wusste ich, dass ich einen zweiten Text brauche, um mich für meinen ersten Open-Mic-Slam anmelden zu können. Monate später kam mir endlich die Idee für den Söhne-Text.

Was ich meinen Söhnen nie selber sagen würde
2014

Der Titel dieses Textes lässt dich vielleicht vermuten, dass es in dem nachfolgenden Text um all die Dinge geht, die man selbst gerne tut, aber nicht unbedingt mit seinen Kindern besprechen würde: Sex, Drogenexzesse und Ähnliches. Um keine falschen Erwartungen zu wecken, möchte ich dir im Vorhinein mitteilen, dass dieses Gedicht leider weder von Drogen noch von Sex handelt. Meine Söhne waren neun und elf Jahre alt, als ich den Text geschrieben habe, und mit ihnen über Sex zu sprechen, war damals keine große Sache. Wenn die beiden zum Beispiel nach Hause kamen und fragten: „Du, Mama, macht ihr beim Sex auch solche Geräusche wie die Alpakas im Tierpark?", konnte ich die Frage ganz einfach mit „Nein" beantworten. Die Alpakas im Nordhorner Tierpark geben beim Sex nämlich langgezogene tiefkehlige Grunzlaute von sich. Die konsequente Folgefrage: „Was macht ihr denn dann für Geräusche?", war schon etwas prekärer. Aber all das ist eben nicht Thema dieses Textes.

Was ich meinen Söhnen nie selber sagen würde:
Eigentlich ist es egal, ob du deinen Teller aufisst,
weil in deinem Magen kein afrikanisches Kind sitzt,
das sehnsüchtig darauf wartet,
dass es deine Essensreste kriegt.
Sicherlich stirbt gerade irgendwo
ein armes Kind den Hungertod,

und zwar unabhängig davon, ob dein Butterbrot
im Abfall oder in deinem Magen landet.
Du musst nicht aufessen,
weil es sich hier um Fragen handelt,
die ein kleines sattes Kind nicht lösen wird,
indem es immer alles aufisst
und langsam immer adipöser wird.
Sicherlich solltest du dir das nächste Mal weniger auftun,
denn dein übertriebener Konsum
fördert die Überproduktion,
aber selbst die wirst du nicht aufhalten
durch ein frühzeitig gestörtes Essverhalten.
Und deshalb muss ich dir leider sagen,
dass das Essen im Mülleimer besser aufgehoben ist
als in einem überfüllten Magen.

Was ich meinen Söhnen nie selber sagen würde:
Eigentlich bin ich ganz froh,
dass du nicht richtig ins System passt,
dass du Interessen außerhalb der Schule hast,
dass du ab und zu die Schule hasst,
weil du Angst hast,
dass du durch sie das richtige Leben verpasst:
Zeit mit Freunden, Zeit mit dir, Zeit zum Spielen;
und insgeheim denke ich mir, in den vielen
Jahren, die du hoffentlich noch vor dir hast,
wird dein Arbeitgeber dich gut bezahlen,
aber vollständig absorbieren,
wird dein Ehrgeiz dich weit bringen,
aber deine Beziehungen ruinieren,

wirst du damit beschäftigt sein,
Geld zu machen und sinnlos zu kumulieren,
deswegen wäre es so wichtig, dass du jetzt schon weißt,
was es heißt,
den Moment zu genießen,
sich für einen Moment nicht anzupassen,
für einen Moment das System zu verlassen,
Freizeit zu haben, Freiheit zu haben,
Texte zu schreiben, Feste zu feiern,
zu singen, zu trinken, zu tanzen, zu reden, zu lesen,
zu lieben, zu leben, zu lachen
oder einfach mal nichts zu tun,
sich für einen Moment auszuruhen.

Was ich meinen Söhnen nie selber sagen würde:
Wenn du dich zum ersten Mal so richtig verliebst,
dann hoff' ich, dass du das Ganze realistischer siehst
als ich, denn die erste große Liebe wird natürlich
nicht halten.
Sie wird am Anfang unermesslich scheinen
und am Ende langsam erkalten.
Und dann kann ich nur hoffen,
dass du es rechtzeitig raffst,
dass du derjenige bist, der den Ausstieg schafft,
dass du derjenige bist, der den anderen verlässt,
weil es sich damit so viel besser leben lässt.
Sicherlich hast du dann dein Leben lang ein schlech-
tes Gewissen,
aber zumindest wirst du dich nicht mit dem Gedan-
ken abfinden müssen,

dass du vielleicht nicht liebenswert bist,
dass die richtige Liebe vielleicht nicht lebenswert ist.
Und keine Sorge:
Die nächste Beziehung wird bestimmt ok,
tut, weiß Gott, nicht mehr so weh,
denn du siehst das Ganze einfach etwas pessimistischer,
etwas realistischer,
etwas holistischer,
ja geradezu gelassen,
denn du liebst einfach etwas egoistischer,
am Ende wird man ja verlassen.

Was ich meinen Söhnen nie selber sagen würde:
Wenn du heute in die Schule gehst,
möcht' ich, dass du aufstehst
bei jeder Ungerechtigkeit, die du erlebst,
dass du dich vor jedes vom Leben, vom Lehrer
und von der Klasse benachteiligte Kind stellst,
dass du die Ungerechtigkeit laut aussprichst
und nicht einfach deinen Mund hältst.
Auch wenn die, die sie ausüben,
dich für deinen Mut leiden lassen und hassen,
und die, die sich nie einmischen,
dich für deinen Mut meiden und hassen.
Auch wenn du dir damit die Note verdirbst,
einen Anschiss riskierst,
ja, zur Not auch von der Schule verwiesen wirst,
denn es gab hier mal echt schlimme Zeiten
voll Traurigkeit und Grausamkeiten,
da haben sich einige wenige Menschen

im Untergrund vernetzt,
Gebäude besetzt,
Gesetze verletzt,
ihre Freiheit aufs Spiel gesetzt
und in letzter Konsequenz, also ganz zuletzt eben,
ihren Kopf hingehalten und ihr Leben gegeben.
Und ich sehe bestimmte Begebenheiten
heimlich und leise,
auf beängstigende Weise
abgleiten in alte Zeiten:
Beschränkung von Freiheiten,
menschliche Ungerechtigkeiten,
Diskriminierung von Minderheiten,
befremdliches Wahlverhalten
in Kriegs- und Krisenzeiten.

Und deswegen hoffe ich so sehr,
dass du dich in der U-Bahn vor den diskriminierten
Muslim stellst,
auch wenn du seine Lebensweise für rückständig
und befremdlich hältst,
dass du dich auf der Straße vor die belästigte Frau
und den bedrohten Rentner stellst,
auch wenn du dafür am Ende
– und ich weiß, eine Mutter sollte so etwas nie laut
aussprechen –
deinen Kopf hinhältst.

Aber morgen und an allen anderen Tagen
werde ich meine Söhne sehen und ich werde sagen:

Nimm nicht zu viel und iss deinen Teller auf,
denn das ist richtig.
Sei immer schön still und pass in der Schule gut auf,
denn das ist wichtig.
Hau ab, wenn die Situation droht zu eskalieren,
denn ich will dich nicht verlieren,
und überhaupt ist die Welt im Moment sehr gefährlich.
Und genieße deine erste große Liebe,
denn sie könnte halten
– ehrlich.

Anmerkung: Inzwischen würde ich den Text „Was ich meinen Kindern nie selber sagen würde" nennen, denn er behandelt ja unisex-Themen. Damals hing ich etwas zu sehr an der Alliteration im Titel. Übrigens wird er sehr viel an Schulen gelesen und die Unterrichtsstunde beginnt meistens mit der Präsentation des Titels und Spekulationen zum möglichen Inhalt des Textes. Im Unterricht werden am Ende der Textanalyse in der Regel Parallel-Texte geschrieben, also „Was ich meinen Eltern/meiner Freundin/meinen Lehrkräften etc. nie selbst sagen würde". Ein reizvolles Gedankenspiel.

Kritisch ist in diesem Text die Trennung von lyrischem und schreibendem Ich. Normalerweise muss und sollte man die beiden Instanzen ja unbedingt getrennt betrachten. Im Söhne-Text allerdings gibt es diese Trennung nur in der ersten Strophe. Wir haben unsere Söhne nie gezwungen, alles auf ihrem Teller aufzuessen. Allerdings habe ich festgestellt, dass das im Bekanntenkreis durchaus Usus ist, und deshalb diese erste Strophe mit in den Text aufgenommen.

Holy fuckin' stage
2015

Obwohl ich mich auf der Bühne nie wirklich wohl fühlen werde, ist sie integraler Bestandteil meines Lebens. Die Slambühne ist nicht die erste Bühne, auf der ich arbeite. Als ich sechs Jahre alt war, wurde ich in den Ballettunterricht geschickt – eine therapeutische Maßnahme gegen meine Plattfüße. Meinen ersten Auftritt hatte ich als Achtjährige in der Berliner Oper. Nach meinem Abitur absolvierte ich eine Tanzausbildung in Berlin, den Niederlanden und New York City. Schon damals hatte ich das Gefühl, die Bühne ist ein erhabener Ort, der sowohl den Bühnenmenschen als auch dem Publikum hilft, aus dem Alltag zu entfliehen. Über ein Jahr lang trainierte ich als Stipendiatin an der Martha Graham School of Contemporary Dance in New York. Jede Stunde wurde am Klavier begleitet von ausgebildeten Pianisten, die meisten von ihnen waren sehr kauzig, aber wenn die Musik einsetzte und die Lehrkraft begann einzuzählen, waren wir in einer anderen Welt – ein für Außenstehende vielleicht schwer nachvollziehbarer Zauber. In der Tanzausbildung haben wir natürlich auch viel über die Bedeutung von Bühnenpräsenz und die Verantwortung und Verletzlichkeit des Bühnenmenschen gelernt. Die berühmte Choreographin Martha Graham hatte für all das eindringliche Bilder, von denen ich einige in diesem Text verarbeitet habe.

Der Text ist ein sogenannter „Stage Opener", das heißt, ich performe ihn eigentlich nur als „Feature" außerhalb des Wettbewerbs am Anfang der Show.

Eine Stunde vor der Vorstellung
ein menschenleerer Raum.
Im Grunde unserer Vorstellung
ein bilderleerer Traum,
das ist die Bühne, ein heiliger Ort,
ein Schutzraum für Musik, Tanz, Schauspiel und Wort,
ein Zuhause für die, denen alles so maßlos erscheint
und denen zu leben schwerer fällt als anderen,
ein Zuhause für die, die nirgends zuhause scheinen,
die immer noch suchend durch's Leben wandern,
für all die, in denen viel zu früh
ein kleiner Teil zersprungen ist,
für all die, deren Sehnen zu stillen nie
oder zu einem kleinen Teil erst gelungen ist.
Das hier ist das Gegenteil von Alltag:
unsre Allnacht.
Da draußen befremdliche Dunkelheit,
hier drinnen unendliche Fühlbarkeit,
unsere Allmacht in den Grenzen dieser Bühne,
Freude, Angst, Trauer, Wut, Schuld, Schande und
Sühne.
Das alles einmal erleben dürfen,
das alles einmal durchleben dürfen,
nur hier dürfen wir besinnungslos lieben und hassen,
lügen, betrügen, morden, einander verlassen,
nach dem Unmöglichen streben,
ein anderes Leben leben,
in Utopien schweben,
da draußen unfassbar unerschlossen,
hier drinnen hermetisch abgeschlossen.

Vier Wände, eine Decke, ein Boden und Licht,
die schützen vor Tsunami und Terror und Tod,
vor Bankencrash, Krankheit und Hungersnot,
denn nur hier, nur jetzt passiert das da draußen nicht.

Und wenn wir dann auf die Bühne gehen
und in all die erwartungsvollen Gesichter sehen,
dann wollen wir den ganzen Raum mit uns füllen,
den ganzen Raum in unsere Gedanken hüllen,
als hätten wir vor dem Auftritt mit der bloßen Hand
unser eigenes Herz an die gegenüberliegende Wand
genagelt, damit es schlägt über die ganze Strecke,
von hier vorne bis nach hinten in die hinterste Ecke
und ins verschlossenste Gesicht,
und wir spüren das Licht.
Und der Pianist am Klavier
sitzt genau hier hinter mir.
Er sieht etwas verloren aus,
rückt zärtlich den Stuhl zurecht,
klappt behutsam den Deckel auf.
Er wirkt beziehungslos, einsam,
vielleicht sogar noch nie verführt,
aber wenn dieser Mann die Tasten berührt,
dann wallt die Melodie wie eine warme Woge
durch den eben noch bilderleeren Saal.
Brainfuck, Bodyfuck, die wahre Droge
erreicht meinen Körper, eure Körper
und der Strahl
der Spotlights hat den Bühnenraum belichtet
und eure Augen sind nur auf mich gerichtet.

Und ich höre im Hinterkopf meine Mentorin erzählen.
Sie ist alt, erschöpft und weise und sie wird jetzt für
mich zählen:
and a one and a two and a three and a four
stage, light, pianist, open this door
and a one and a two the only two
things that count are the audience and you,
cause this is your paradise, this is your cage,
this is your holy fuckin' stage.

Die Choreographin Martha Graham,
eines der großen Genies unserer Welt,
sagte einst, dass der Künstler dem Publikum am
Ende immer die Kehle hinhält,
wenn er 88.000-Zeichen-Dramen schreibt,
in denen die Magie menschlicher Fantasie
unsere Dimensionen sprengt
und unsere Gedanken ins Unermessliche lenkt.
Wenn sie überlebensgroße Bühnenbilder malt,
die uns in multispektralen Farben sagen,
dass nach all diesen Tagen
am Ende aller Fragen
eine Art von Seligkeit steht,
man in eine Art von Ewigkeit geht.
Wenn er Musik macht, die unter die Haut geht,
sich in das Fleisch gräbt,
durch unsere Nervenbahnen schwebt
und sich als Feuerwerk der Klänge in unsrem Kör-
per entlädt.
Wenn wir Poetry slammen, bis die Nacht vergeht,

dann ist das alles, was zählt.
Wir haben den Alltag aus dem Kopf verbannt.
Wir haben jetzt das Jetzt gewählt
für ein wenig Sinn, für ein wenig Land.
Und so wird es immer sein, so ist es und es war
letztendlich nie nur l'art pour l'art.
Es war nie nur die Kunst für die Kunst.
Es ist, wie es ist:
Zwischen des Publikums Gunst
und des Publikums Blutrunst,
zwischen begeistertem Preisen
und entgeistertem Verriss
hängt des Künstlers Seele,
auf dass sie den Moment nicht verfehle.
Drum zeigen wir euch heute,
ein Wolf unter Wölfen,
als eure heutige Beute
hiermit die Kehle.
Cause this is our paradise, this is our cage,
this is our holy fuckin' stage.

Sezierung
2015

Das Jugendtheaterstück „Nur Ophelia" (Karl Mahnke Verlag, 2015) schrieb ich in Anlehnung an William Shakespeares Hamlet für eine Theatergruppe, die „nur" aus Mädchen bestand. Aus der Not heraus durfte jedes der zwölf Mädchen die wunderschöne junge Ophelia spielen, die sich unsterblich in Hamlet verliebt und sich schließlich ertränkt, weil er sie zunächst zwar verführt, dann aber auf äußerst demütigende Weise fallen lässt. Während der Proben zu diesem Stück ergaben sich einige sehr bewegende Momente, auf denen der vorliegende Text beruht.

Es waren einmal zwölf Mädchen,
die waren so wunderschön,
eine jede war auf ihre Weise
wirklich schön anzusehen.
Und eine jede wollte Ophelia sein,
lieben, leiden und sterben,
weil wir doch auf der Bühne
so gern ein andrer werden.
Und ich erzähl' von Ophelias Schönheit,
von Liebe und Gefühlen
und ich sage: „Wenn ihr sie spielen wollt,
dann müsst ihr sie auch fühlen.
Jetzt schreibt jede einen Text,
in dem sie sagt, was sie an sich schön findet,
weil man damit Hemmungen abbauen kann
und ganz einfach überwindet."

Doch die Mädchen sehen mich sprachlos an,
denn es fällt ihnen so furchtbar schwer.
Sie sehen an sich herunter,
aber die Seiten bleiben leer.
Denn sie wagen nichts zu denken,
nichts zu sagen, nichts zu schreiben,
und ich weiß, wenn mir jetzt nichts einfällt,
werden die Seiten so leer bleiben.
Also denke ich etwas hilflos
an die ‚guten‘ alten Tage,
als ich noch so jung und so hübsch war,
und in mir entsteht die Frage:
Was hat mein Selbstbild
damals so gnadenlos zu Grunde gerichtet?
Was hat mein Selbstwertgefühl
damals so fürchterlich vernichtet?
Und ich
beginne mich
im Innern
zu erinnern:

Ich bin 13 Jahre alt,
als die Sezierung beginnt.
Ein guter Freund sagt mir,
dass ich ausseh‘ wie ein kleines Kind,
kein Arsch, keine Hüfte, keine Brüste, viel zu dünn,
und dass ich deswegen überhaupt nicht sexy bin.
Gott sei Dank werde ich älter
und die Hormone schießen ein
und ich brauch‘ nichts mehr zu essen,

denn ich runde von allein.
Eine Person, die mir sehr nah steht,
haut mir mit 16 auf den Arsch und sagt:
„Wenn du so weiterisst, wird dein Arsch zu fett,
nimm bitte ein bisschen ab."
Also werde ich mich nur noch
in weiter Kleidung präsentieren.
„Trägst du diesen Schlabberlook
um deine Kurven zu kaschieren?",
fragt der Stufensprecher aus dem Jahrgang über mir,
„Du hast doch voll den geilen Körper,
warum stehst du nicht zu dir?"
Und ich freu' mich wie ein Kullerkeks
und ich fühle mich so richtig schick
und sein Kumpel fügt hinzu
und es gibt ihm einen Kick:
„Wenn man dir ‚ne Tüte übern Kopf ziehen würde,
wärst du echt ein geiler Fick."
Und es geht jahrelang so weiter,
es hört irgendwie nicht auf,
denn so viele Menschen sprechen,
was sie denken, gerne aus,
bis gefühlt jeder Mensch
meinen Körper kommentiert hat,
bis die Summe aller Kommentare
meine Psyche seziert hat.
„Du hast schon schöne Hände,
aber deine Nägel sind Quadrate,
wie witzig –
die sehen ja aus wie kleine Fernsehapparate!"

Und diesen mag ich besonders,
denn der saß besonders tief:
„Ich kann dich leider nicht heiraten,
denn du bist irgendwie nicht repräsentativ.“

Ich kann es nicht mehr hören,
bin geknickt und total alle,
ich sollte mich jetzt wehren,
für mich selbst aufstehen,
in mir gären viele Worte
und ich werde sie jetzt sauber auswählen:
Fickt euch alle,
denn ich bin auch schön.
Ihr könnt mich ansehen,
ein Urteil fällen mit einem scharfen Beil,
ihr könnt es nur denken oder laut aussprechen,
es ist mir scheißegal.
Es ist alles schon gesagt
und es kann mich nicht mehr brechen.
Es interessiert mich nicht mehr,
es tangiert mich nicht mehr,
es seziert mich nicht mehr.
Es hat lang genug gedauert,
ich bin mit mir im Reinen,
aber ich sehe in diesen Mädchen vor mir,
die ersten Zeichen der Sezierung keimen.

Und ich denke:
Das hier
ist doch nur eine undurchdringbare,

ohnehin nicht für immer makellose Leinwand,
ein schutzbringender,
aber langsam vernarbender Einband,
eine eure innere Fülle verbergende Hülle.
Unser Außen scheint so unüberwindbar,
aber das stimmt gar nicht, denn dahinter
liegt ein Weg aus klitzekleinen
Steinen,
der führt ganz vorsichtig
in unser Ich,
schön und verletzlich,
tief in uns versteckt,
scheint so weit weg,
ist aber hier,
in dir.

Und innen, in euch drinnen,
in euren Seelenräumen,
in euren Seelenträumen
türmen sich Seelenskulpturen,
stürmen Seelennaturen
und die sezierenden Worte der anderen
sind doch nur winzige Flocken Seelenschnee,
die schmelzen und sich auflösen
in eurem warmdunklen Seelensee.
Doch ich sage lieber nichts,
ich bleibe lieber still,
weil ich die Worte weise wählen
und nicht noch mehr zerstören will.

Da springt eine der Ophelien auf
und beginnt, den anderen zu sagen,
was sie an ihnen schön findet
und was sie Besonderes an sich tragen;
und die Ophelien fangen Feuer
und fertigen fünfspaltige Listen an
und füllen sie mit Hunderten von Kosewörtern
und hüllen ihre Gesichter und Körper
gegenseitig in große Wörter
und es entstehen Wahnsinnstexte
von lila Händen im Winter
und afrikaförmigen Muttermalen,
von Sommersprossenkolonien auf Nasen
und Fingernägeln wie Muschelschalen.
Und eine jede hat jetzt Ophelias Schönheit im Sinn,
denn sie wollen ihre Verletzlichkeit
unbedingt auf die Bühne bringen.

Und als der Vorhang endlich fällt
und sie die Rolle ablegen für immer,
steht eines der zwölf Mädchen
im Garderobenzimmer.
Sie sieht sich selbst im Spiegel
und sie sieht sehr lange hin
und sie sagt mit einem ungläubigen Lächeln:
„Gucken Sie mal, wie schön ich bin."

Anmerkung: Es gibt bis heute eine ganze Reihe von
Slamtexten, die Bodyshaming und Selbstwertgefühl
thematisieren. Ich glaube, dass Schreiben in Bezug auf

unsere Erfahrungen zumindest in diesem Bereich thera-
peutisch und heilsam sein kann.

„Sezierung" habe ich 75-mal auf Slams performt und
bin damit 74-mal im Finale des Wettbewerbs gelandet.
Der Text galt als unschlagbar. 2015 durfte ich zum ers-
ten Mal an den jährlich stattfindenden niedersächsisch-
bremischen Poetry Slam Landesmeisterschaften teil-
nehmen, war fürchterlich aufgeregt und deshalb sehr
erleichtert, als ich auf den ersten Startplatz gelost wurde.
Der erste Startplatz bedeutet in der Regel das schnel-
le Ausscheiden aus dem Wettbewerb, weil die Jury dem
ersten Vortrag praktisch nie Höchstpunktzahl erteilt. Es
könnten ja noch bessere Slammer*innen folgen, man
wartet also ab und hält die hohen Punkte erstmal zu-
rück. Ich erhielt von allen sieben Jurymitgliedern acht
Punkte und machte mir entspannt ein Bier auf, weil ich
mit dieser Punktzahl ohnehin nicht weiterkommen wür-
de. Den gesamten Abend schaffte jedoch kein Text mehr
Punkte als „Sezierung" und ich stand am nächsten Tag
im Finale der Landesmeisterschaften vor 700 Menschen
im Bremer Goethe-Theater.

Etwas Faszinierendes an dem Wettbewerbsformat ist,
dass die Menschen „Sezierung" im Wettbewerb meis-
tens deutlich höher bepunkten als den Söhne-Text. Im
Anschluss an den Slam kaufen sie in der Regel beide
Texte als Booklet, aber nur zum Söhne-Text erhalte ich
bis heute viele persönliche Mails. Genau das ist gemeint,
wenn die Slam-Master*innen sagen: „The points are not
the point."

Amilija
2015

Eines Tages saß plötzlich dieses Mädchen in meinem Unterricht und zog mich sofort in ihren Bann. Es waren zwei Dinge, die mich besonders berührten und zum Nachdenken bewogen: zum einen die unsichere Lebenssituation des Mädchens und zum anderen die fundamentale Bedeutung von Sprache für uns als soziale Wesen. Meine Gedanken habe ich in den vorliegenden Text gefasst. Ich widme „Amilija" dem kleinen Mädchen, das in Wahrheit einen viel schöneren Namen trägt.

Sie sitzt apathisch im Unterricht
und starrt vor sich auf den Tisch.
Die Lehrerin wirkt sympathisch,
aber sie versteht sie leider nicht.
Was die Lehrerin an die Tafel schreibt,
notiert sie daher nicht.
Wenn der Unterricht vorbei ist,
dann geht sie einfach nicht.
Sie bleibt allein zurück im Klassenraum,
verschlossenes Gesicht.
Was die anderen draußen spielen,
interessiert sie eigentlich nicht.
Dass die anderen sie ignorieren,
registriert sie beinah nicht.
Warum ihre Eltern sie hierher brachten,
kapiert sie einfach nicht.
Dass sie ohnehin bald wieder gehen muss,

berührt sie scheinbar nicht.
Vielleicht weiß sie es auch noch nicht
oder sie glaubt, was man ihr verspricht,
oder sie hofft, dass irgendjemand den Fluch, der
über ihrem Land liegt, bricht.

Wenigstens einen Fluch wird sie selbst bald in der
Schule brechen:
Am dritten Tag wird sie zum ersten Mal so richtig
glücklich lächeln,
denn es gelingt ihr jetzt, die ersten Wörter richtig
auszusprechen,
und sie beginnt zu verstehen:
Buchstaben, Silben, Wörter, Sätze.
Sie knüpft aus Buchstabenmaschen feine Fallnetze,
damit sie nicht noch tiefer fällt.
Sie spinnt sekündlich feine Silbennetze in ihre neue Welt.
Sie fängt winzige Wörter,
indem sie lauscht, erkennt und nach vorne schnellt,
und jedes ergriffene Wort wird begriffenes Wort
und sie wird ihr eigener Wörter-Held.
Sie näht aus Wortfetzen und Satzresten
ein wind- und wetterfestes Zelt.
Sie webt ein Wörter-Sternenlichter-Netz,
das ihr des Nachts den Traum erhellt.
Sie wirft ein Wörter-Nebelfängernetz aus,
das sie ab jetzt am Leben hält.

Zu Hause ist es nicht leicht.
Ihr neues Zuhause wird der Klassenraum.

Dass die anderen mit ihr spielen wollen,
wird ihr geheimer Zaubertraum.
Ihr noch weitmaschiges Wörternetz
wirkt wie ein warmer, weicher Flaum,
wie ein unsichtbarer Sicherheitssaum,
lässt sie sicher sein, dass sie ein Recht darauf hat,
nach vorne zu schauen,
lässt ihre Augen ein gerechtes Land sehen
und in dieses Land vertrauen.
Dass sie ohnehin bald wieder gehen muss,
das weiß sie vielleicht noch nicht
oder sie glaubt, was man ihr verspricht,
oder sie hofft, dass irgendjemand das Monster, das
in ihrem Land lebt, ersticht.

Doch Monster, die man erstechen kann,
und Flüche, die man brechen kann,
die gibt es nur in Bilderbuchgedichten,
in Kinder-Mut-Mach-Geschichten.
Die Wahrheit sieht ganz anders aus,
denn zu viele Menschen müssen flüchten.
Auch Amilija wird dem Fluch
ihres Landes nicht entrinnen,
als sie es erkennt, wird sie sich auf ihr gut
betuchtes Wörter-Netz besinnen,
daraus einen langen, reißfesten, dunkelroten
Faden spinnen,
ein Ende an ihre Träume knoten
und die Reise zurück beginnen.
Bevor sie geht, schenkt sie ihrer Lehrerin einen

blauen Stift.
Es ist ein alter Plastikkugelschreiber ohne irgend-
eine Aufschrift.
Die Lehrerin versteht nicht ganz,
betrachtet ihn als Dankeschön,
als kindliches „Auf Wiedersehen".

Und Amilija verschwand.
Sechs Wochen später kam eine Karte
aus ihrem Land,
auf der in einer Sprache,
die die Lehrerin nicht verstand,
in schönster Kinderschrift geschrieben stand:

Auf dem Weg in euer Land hatten wir kein Papier,
denn wir haben alles zurückgelassen und den Rest
haben sie uns geklaut,
aber ich trug immer diesen blauen Kugelschreiber
bei mir,
mit dem malte ich mir die ganze lange Reise über
Bilder auf meine nackte Haut,
auf Arm, Ober- und Unterschenkel
und auf meine Hand,
Bilder von einem neuen Leben
in einem neuen Land.
Wasser zum Waschen gab es nicht,
also blieben die Bilder unwirklich klar
und als ich in euer Land kam,
wurden die Bilder wirklich wahr.
Ich lass' den Kugelschreiber bei Ihnen.

Bewahren Sie ihn bitte für mich auf.
Wenn ich mal groß bin, hol' ich ihn ab,
da freu' ich mich schon drauf.
Seit ich wieder zurück bin,
träum' ich lieber bilderlos.
Ich weiß nicht, ob ich verrückt bin,
aber ich werd' die Bilder nicht mehr los.
Was auch immer ich hier erlebe,
ich kann mich nicht mehr spüren,
ich lebe eigentlich dort, wo mein Stift ist,
denn seine Striche führen
meine Träume in das Land,
in dem sie wirklich Zuhause sind.
Ich weiß nicht wirklich viel,
bin ja nur ein Wirtschaftsflüchtlingskind
und wurde sehr schnell abgeschoben,
aber einige Worte habe ich mir wie ein Fallnetz un-
ter mein Herz gewoben.
Sie sind das Ende eines langen Fadens,
der dunkelrot ist und nie bricht.
Hier sind meine Worte,
bitte vergessen Sie sie nicht:

Menschen kann man abschieben,
ihre Träume aber nicht.

Anmerkung: 2015 spülte die politische Situation eine
ganze Flut von Texten, die das Schicksal Geflüchteter
und den gesellschaftspolitischen Umgang mit der Situa-
tion thematisierten, auf die Bühne. Slamtexte lassen sich

verhältnismäßig schnell schreiben. Deshalb kann die Slamszene besonders schnell auf gesellschaftliche Entwicklungen reagieren und ist beispielhaft dafür, wie sich diese unmittelbar in der Literatur niederschlagen.

Wenn du wissen willst, welche Themen das Individuum und die Gesellschaft gerade umtreiben, geh auf einen Poetry Slam.

Insbesondere innerhalb der Slamszene werden Texte über Geflüchtete, die von Menschen ohne den entsprechenden autobiographischen Hintergrund verfasst werden, übrigens oft kritisch gesehen, weil die Line-Ups im Poetry Slam möglichst divers sein sollten und Geflüchtete auf Bühnen für sich selbst sprechen können. „Amilija" ist nicht nur deshalb ganz bewusst aus der Perspektive der Lehrerin geschrieben. Amilijas Abschiebung war ein schmerzhafter Verlust. Ich schreibe zudem über eine reale Person, die zumindest auf deutschen Bühnen nicht für sich selbst sprechen kann.

Im Jahr 2020 schrieb „Amilija" mich über Instagram an. Seitdem sind wir wieder miteinander in Kontakt. Sie lebt mit ihrer Schwester in Montenegro und macht gerade ihr Abitur. Danach möchte sie in Deutschland studieren.

Ich habe im Laufe der Jahre einige Kinder unterrichtet, die am „zu langsamen" Spracherwerb gescheitert sind. Es bleibt mir deshalb ein politisches Rätsel, warum Familien mit Kindern, die sich über ihre herausragende Sprachbegabung und ihren Biss in sagenhaftem Tempo integrieren, abgeschoben werden.

Zwei Brüder
2016

Wer Geschwisterkinder oder mehr als ein Kind hat, kennt vermutlich dieses Gefühl, dass Fähigkeiten und Begabungen irgendwie nicht gerecht verteilt wurden. Oft ist das eine Kind sportlich, gesellig und gut in der Schule, das andere tut sich mit allem etwas schwerer und knüpft nicht so schnell Kontakte, weil es etwas introvertierter ist. Ich glaube, dass diese Wertung verzerrt ist, weil wir dazu neigen, Menschen permanent aufgrund ihrer messbaren „Leistungen" zu beurteilen. Wir hören nicht zu, wir schauen nicht hin, wir geben keinen Raum. Dieser Text soll mit diesem Eindruck brechen, dass jede Leistung messbar ist, dass ein stilles, eher ängstliches Kind, das nicht „ableistet", weniger begabt ist. Das Gedicht beginnt und endet mit einer von mir etwas abgeänderten Passage aus Macklemores und Ryan Lewis' Song „Wings".

And I went outside,
And I climbed that rock,
And I jumped, mummy, I jumped so high,
I touched the sky, mummy,
I touched the sky,
It was the best day of my life.

Zwei Brüder stehen auf einem Felsen
und sehen beide raus aufs Meer.
Der eine spürt der anderen Blicke,
blickt hinunter, tut sich schwer:

Das Wasser scheint ihm sehr weit unten,
ziemlich kalt, nicht tief genug,
der Felsvorsprung ein wenig glitschig,
der Sprung vom Felsen braucht viel Mut.
Und wäre es auch recht und gut,
hier jetzt einfach so zu baden,
Spaß zu haben,
rücksichtslos mal nichts zu denken,
während draußen auf dem Meer
Menschen ums Überleben kämpfen?

Denn so ein Flüchtlingsfloß ist gnadenlos
der Urlaubssonne ausgesetzt,
kaum besser als die Luftmatratze,
mit der er rausgeschwommen ist.
Sollte er sein neugekauftes Luftmatratzenrettungsboot
vom Wind wohl weitertreiben lassen?
Wer weiß, wer hinter Wassermassen
auf Rettung hofft in höchster Not?
Aber was wäre, wenn sich sein Plastikschiff
– und der Gedanke trifft ihn hart –
auf seiner Lebensrettungsfahrt
verfängt im nächsten Meeresriff,
wo ihm in dunkler Wasserwelt
ein Haifischbaby zum Opfer fällt?

Weil Plastikmüll doch ein Problem ist,
der Klimawandel so extrem ist,
denkt er sofort mit flauem Magen
an trockene Zuckerrohrplantagen,

an in der Hocke kackende Kinder ohne Sanitäran-
lagen.
Er will Pflanzen pflanzen, gießen,
bis sie reif und nahrhaft sind,
hofft, dass sie nicht schadhaft sind,
will niemals Pestizid verwenden,
und das Bio-Angebaute schnell nach Afrika versenden,
wo arme Kinder seines Alters
mit aufgeduns'nen Wasserbäuchen,
doch noch so viel mehr als all das
und dringend seine Hilfe bräuchten,
weshalb sie jetzt in schlauchender Hitze,
da draußen auf 'nem Schlauchboot sitzen.

Und wäre sein Gemüt kein sanftes,
er würde wütend ob des Kampfes,
denn all das Leid unseres Seins
scheint in kleinen Plastiktütchen
in sein Köpfchen eingeschweißt,
zu viel Energie verbrauchend
ins junge Seelchen eingespeist.

Er hat Angst vor so vielen Dingen:
Angst vor dem Altwerden,
Angst vor dem Sterben,
Angst, dass Jungs, die nicht von Klippen springen,
im Himmel nicht empfangen werden.
Er hat Angst davor, dass ihm im Sarg
das Viecherzeug die Haut zerkaut,
Angst davor, dass Verbrennen wehtut,

denn Tote schreien ja nicht laut.
Er hat Angst vor der Wiedergeburt
als Kanalrattenanalbakterium.
Er hat Angst vor dem IS-Jungfrauen-Attentat-Imperium.
Er hat Angst vor der Hölle,
auch wenn es die nicht gibt,
und er hat Angst davor, dass es Gott nicht gibt
und der ihn auch nicht liebt.

Er blickt benommen auf zum Horizont,
damit sein Kopf zur Ruhe kommt,
nicht all seine Synapsen sprengt,
und er nicht mehr ans Springen denkt,
von der feinen Linie abgelenkt,
die Himmelblau von Meerblau trennt.

Wow – the sky!

Und am Ende springt er nicht,
nimmt seine kleine Luftmatratze,
die hat ganz plötzlich viel Gewicht,
denn sie rettet keine Menschen
und löst so unter'n Arm geklemmt,
die Fehler nicht in dem System,
das Flüchtlings-Hunger-Müllproblem.
Sie schützt ihn nicht mal vor den Blicken
derer, die ihn weggehen sehen,
deren Urteil auf ihm lastet,
als er sich rückwärts runtertastet.

Der Jüng're schaut in Seelenruh
auf das dunkelblaue Wasser,
kneift abschätzend die Augen zu,
kalkuliert das Risiko:
Von Felsvorsprung zu Meeresdecke
sind's sieben Meter, nicht zu hoch.
Er ist nicht dumm, im Gegenteil,
er denkt nur ziemlich rational.
Und aus des Augenwinkels-Ecke
sieht der kleine Tausendsassa,
wie die andren zu ihm schauen.
Er spannt die Muskeln, streckt die Arme,
reckt das Kinn, er hört das Raunen:
„Guck doch mal der Kleine springt!
Wow, *der* ist mutig! Fabelhaft!"
Und er springt ab – mit aller Kraft.
Er springt so hoch, dass es so aussieht,
als würd' den Himmel er berühren,
und am höchsten Punkt des Sprungs
will er erst Wind, dann Wasser spüren.
Man sieht ihn fallen, hört das Platschen
und dann schwimmt er wie ein Aal
und weil die anderen jubelnd klatschen,
springt er – logisch – gleich noch mal.

Die Mutter klatscht stolz für den Kleinen,
hält den Großen festgedrückt.
Sie weiß von seinen großen Sorgen,
vom Weltschmerz, der ihn so bedrückt.
Nur deshalb ist der Sprung missglückt.

Und die Moral aus dem Gedicht?
Der eine springt, der andere nicht.
Wir seh'n am Ende nur den Sprung.
Die Gedanken seh'n wir nicht.
Und nun sag du mir, wertes Publikum,
falls ein Urteil möglich ist,
welcher Bruder mutiger ist.

And I went outside,
And I climbed that rock,
I didn't jump, mummy,
I don't know why,
But just for that moment
My thoughts, mummy, my thoughts
Have touched the sky.

Anmerkung: Obwohl ich diesen Text gerne spreche, ist es mir nie gelungen, ihn sauber zu performen. Das Gedicht musste diverse Stolperer und ein völliges Blackout über sich ergehen lassen. Wer mich auf der Bühne erlebt hat, weiß, dass ich ohnehin kaum fehlerfrei performe, weil ich extremes Lampenfieber habe. Das war einer der Gründe, warum ich im Alter von knapp dreißig meine Tanzkarriere aufgegeben habe und lange Zeit nur hinter der Bühne aktiv war. Erst viele Jahre später bin ich als Poetry Slammerin auf die Bühne zurückgekehrt. In der Anfangsphase habe ich mich (mit Hilfe der sogenannten „Klopftechnik") coachen lassen, um überhaupt wieder auf die Bühne zu können. Je öfter ich auftrete, desto besser habe ich mein Lampenfieber im Griff. Wirkliche

Wohlfühlmomente auf der Bühne habe ich erst, wenn der Applaus einsetzt. Ich habe oft mit dem Gedanken gespielt, nicht mehr auf die Bühne zu gehen, denn für mich ist das Slammen ja nur ein Nebenberuf, niemand zwingt mich auf die Bühne.

Wenn ich Menschen wie Florian Wintels auf der Bühne beobachte, der auf der Bühne wie ein Fisch wirkt, den endlich mal wieder jemand ins Wasser geworfen hat – irgendwie plötzlich zuhause und glücklich – dann denke ich, dass ich eigentlich nicht für die Bühne gemacht bin. Aber ich möchte meine Kunst kein zweites Mal aufgeben, sondern mein Lampenfieber eines Tages bezwingen, weil ich glaube, dass meine Texte wichtig sind und es für die Menschen, die sich mit meinen Texten identifizieren können, gut ist, wenn ich weitermache.

Wenn du eine bewährte Methode zur Bewältigung von Versagensängsten kennst, her damit!

Moritat von ungesungenen Kinder-
liedern und angenagten Tetra Paks
2016

Dieses Gedicht beruht auf einer wahren Begebenheit, über die ich irgendwann in meinen 20er im Wartezimmer meines Gynäkologen in einer Zeitschrift gelesen hatte. Die Geschichte hat mich zutiefst erschüttert und ist mir nie mehr aus dem Kopf gegangen. Ich glaube, ich habe sie aus therapeutischen Gründen zu einem Text verarbeitet und bin genau hier an die Grenzen textueller Therapiemöglichkeiten gestoßen.

Triggerwarnung: Kindstod

Jeder hier, der ein Wiegenlied singen
oder sich wenigstens an eines erinnern kann,
der höre ein Lied, das nicht jedes Kind singen
und so manches nicht mal erinnern kann,
der höre, was sich in einer fernen Stadt
in nicht allzu ferner Vergangenheit zugetragen hat:

In einer Zweiraumwohnung, nicht sonderlich groß,
beheizbar, mit bespielbarem Innenhof,
lebte eine Mutter mit begrenzten materiellen Mitteln,
laut ärztlichem Attest auch intellektuell nur begrenzt
bemittelt,
und beiderlei Mangel, der hinderte sie,
sich um ihre Kinder zu kümmern.
Ihre eigenen Sorgen, die linderte sie,

aber ihre Kinder, die ließ sie langsam verkümmern.
Jeden Morgen, bevor sie das Haus verließ,
setzte sie ihre Söhne im Hof auf den grauen Kies,
wo sie sie bei Sonne, Regen, Wind und Schnee
bis zum Abendgrauen sitzen ließ.

Was auch immer ich sage, was auch immer ich tu',
meine Mutter, die fügt mir keine Schmerzen zu.

Eines Tages, so werden die beflissenen Journalisten
nach der Gerichtsverhandlung zu berichten wissen,
wird ein Mann in der Bar ihr Großes versprechen
und sie will mit alten Gewohnheiten brechen,
denn jetzt ist es Zeit, dass sie ein kleines bisschen
Glück hat,
dass auch sie von ihrem Leben mal ein winzigklei-
nes Stück hat.
Und sie wickelt ihre Kinder
und sie sagt ihnen auf Wiedersehen,
zieht die Haustür hinter sich zu
und dann wird sie mit ihm gehen.

Was auch immer ich sage, was auch immer ich tu',
meine Mutter, die fügt mir keine Schmerzen zu.

Erst zwei Wochen später
wird ein Nachbar sich beklagen,
denn das Treppenhaus ist seltsam still
und der Geruch kaum zu ertragen.
Also wird die Polizei geholt,

stellt viel zu viele Fragen,
und vor neugierigen Nachbar-Augen
wird die Haustür eingeschlagen:

Der Jüngere der beiden,
den man im Kinderzimmer fand,
musste, eingequetscht zwischen Kinderbett und
Heizkörperwand,
in allen nur erdenklichen Exkrementen verenden.
Der Große lag verdurstet vor den offenen Küchen-
schränken, in seinen Händen
– und die Zeitung wird's im Nebensatz erwähnen –
ein Traubensaft-Tetra Pak mit Nagespuren von
Kinderzähnen.

Was auch immer ich Schlimmes sage,
was auch immer ich Schlimmes tu',
meine Mutter, die fügt mir keinen Schaden
und auch nichts Schlimmeres zu.

Die Journalisten fielen ins Hochhaus ein
und jeder Anwohner wollte der erste sein,
und beklagen, was sich Schlimmes zugetragen hatte,
was die Monstermutter ihren Kindern angetan hatte:
„Jeden Morgen ging die Monstermutter aus dem Haus
setzte ihre armen Söhne einfach in den Hof hinaus."
„Wir haben ihnen immer ein wenig Essen gegeben,
nicht viel, Sie verstehen, auch wir müssen leben."
„Und bis abends hatten die Kleinen sich eingeschis-
sen,

aber *wir* hätten doch nicht deren Windeln wechseln
müssen.
Wir müssen doch nicht anderer Kinder ungepflegte
Ärsche waschen
und diese hatten ja nicht mal eig'ne Windeln in den
Taschen."
„Wir haben die Kinder oft schreien gehört,
aber Kinder sind halt laut und es hat uns nicht gestört.
In der letzten Woche, ja, da war es wirklich still.
Aber man will sich nicht beklagen,
weil man ja Ruhe haben will."
„Nur vor ein paar Tagen,
da hörte man ein seltsames Schrei'n.
Laut und kehlig wie ein Tier soll es gewesen sein."
„Das werden wohl die Todesschreie der Kinder ge-
wesen sein."
„Und was wir im Nachhinein
wirklich sehr merkwürdig fanden,
war, dass die beiden Kinder
kein einziges Kinderlied kannten."

Was auch immer ich sage, was auch immer ich tu',
meine Mutter, die singt mir kein Wiegenlied.
Meine Mutter zieht die Türe hinter sich zu.

Anmerkung: Diesen Text habe ich nur einmal auf einem
Slam gelesen. Das hat sich sehr falsch angefühlt. Es gibt
Texte, die man vielleicht besser nicht bepunkten lässt,
zum Beispiel solche, in denen Kinder sterben, oder sol-
che, in denen Slammer*innen Traumata thematisieren

und beim Vortrag deutlich wird, dass die Vortragenden selbst keine professionelle emotionale Distanz zum Text herstellen können. Oft werden diese Texte vor dem Vortrag mit einer Triggerwarnung versehen, damit Betroffene im Publikum den Saal verlassen können.

Das Publikum ist bei der Bewertung solcher Texte im emotionalen Zugzwang, die möglicherweise nur mittelmäßige sprachliche und performative Leistung gerät in den Hintergrund, während der emotional erschlagende Inhalt „Mitleidspunkte" generiert. In der Szene werden solche Texte „Erpressertexte" genannt, auch wenn es weder eine konkrete Definition noch einen offiziellen Kriterienkatalog dafür gibt. „Erpressertexte" punkten beim Publikum manchmal sehr hoch, werden aber im Backstage eher kritisch besprochen. Hier gilt allerdings die ungeschriebene Regel, dass wir aneinander nicht unaufgefordert negative Kritik üben. Nur wenn uns andere Slammer*innen direkt auf unsere Meinung ansprechen, geben wir kritisches Feedback. Natürlich halten sich nicht alle an diese Regel und manchmal ist ein unaufgefordertes Feedback nötig, um eine gewisse Qualität und Sensibilität auf der Bühne zu generieren. Dann kann es im sonst so geselligen und wertschätzenden Backstage auch ausnahmsweise mal etwas unangenehm werden.

Das erste Mal
2017

Der folgende Text war mein erster Auftragstext. Um nicht zu viel vorwegzunehmen, erzähle ich erst im Nachwort, auf welchem Auftrag dieser stark autobiographisch geprägte Text basiert.

Sie ist das erste Mal ohne Stützräder gefahren,
vom Fahrrad gefallen, mit der Achterbahn gefahren.
Er hat sich die erste Acht in den Reifen gefahren,
ist zum ersten Mal mit einem Steifen Fahrrad gefahren.
Sie hat stur und ganz bewusst
ihre erste kleine Lüge erzählt.
Er hat aus purer Lust
seinen ersten kleinen Käfer gequält.
Sie hat im Urlaub ihren Finger ins Meer gesteckt
und zum ersten Mal echtes Salzwasser geschmeckt.
Er ist von seiner ersten Klippe geflogen,
gemeinsam haben sie heimlich
an ihrer ersten Kippe gezogen
und dafür ihre zweite oder dritte Ohrfeige bezogen.
Es war eine halbherzige, fast beherrschte Ohrfeige,
lange nicht so schmerzhaft wie die erste Ohrfeige.

Und dann zeigen sie sich das erste Mal
Hand in Hand vor allen anderen,
woll'n durch's Gedankenland des anderen wandern,
werden mit einem alten Auto, Freunden und viel zu
lauter Musik

die Landstraße entlang durch die sternenummantel-
te Nacht fliegen,
werden spüren, wie sich Lunge, Herz und Magen
zusammenziehen,
und dem einzigartigen Gefühl unterliegen,
unbändig glücklich, unendlich jung
und unbegrenzt frei zu sein,
unendlich high zu sein.
Sie werden bis in die Morgenstunden durchtanzen
und durchfeiern,
am nächsten Morgen die ganze Klobrille vollreihern
und sich vor den Eltern dafür rechtfertigen müssen.
Und wenn sie sich dann zum ersten Mal so richtig
auf den Mund küssen,
viel zu tief
und mit zwei feuchten, ungelenken Zungen,
dann war das zwar alles ein bisschen schief
und irgendwie denkbar ungelungen,
aber dennoch irgendwie genial,
weil einfach zum allerersten Mal.

Wenn er sich zum ersten Mal
traut, unter ihr T-Shirt zu fassen,
sich den Bauch hinab zwischen ihre Beine zu tasten,
wenn sie sich zum ersten Mal
ganz und gar vor ihm auszieht,
nicht weiß, ob das, was er sieht,
ihm auch wirklich genügt,
ob er sie, wenn er alles gehabt hat,
wirklich noch liebt,

dann liegen sie da, in besorgniserregender Zweisamkeit,
im Blickschutz geborgenheitspendender Dunkelheit,
drei Handtücher zwischen ihrer Hüfte und dem
Bettbezug,
und plötzlich bekommen sie Angst vor einem spä-
teren Betrug
oder jetzt einen entscheidenden Fehler zu machen
oder alle Fehler dieser Welt.
Also machen sie erst in der zweiten Nacht das,
was ihnen wirklich beiden gefällt.
Und rein technisch gedacht, war die erste Nacht
jetzt tatsächlich nur suboptimal,
aber sie geht trotzdem in ihre Vita ein als allererstes Mal.

Und dann werden sie zum ersten Mal betrogen und
verlassen,
lernen Kaffeetassen werfend sich selbst zu hassen,
den anderen als eine minderwertige Alternative zu
betrachten,
nicht mehr auf die eigenen Gefühle zu achten,
sich selbst zu verlieren,
bis jeder sich zum ersten Mal ein zweites Mal verliebt
und sie endlich kapieren,
dass es so oft im Leben auch ein zweites Mal gibt,
dass fast jede Wunde irgendwann verheilt
und mit der Zeit vernarbt.
Und jedes zweite schlimme Mal scheint
schon weniger hart.
Und dann erobern sie die große, weite Welt,
manches Mal gemeinsam,

aber meistens für sich selbst.
Wenn sie ehrfürchtig auf das mit Eisbergspitzen ge-
säumte Meer hinaussieht,
wenn er demütig vor Mammutbäumen und Pyrami-
den niederkniet,
wenn sie einen winzigen Punkt bilden in einer gi-
gantischen Wüstenlandschaft,
dann machen sie zum ersten Mal mit dem Gefühl
Bekanntschaft,
unendlich unbedeutend, unschätzbar klein
und unglaublich verletzlich und vergänglich zu sein.

Und dann halten sie ihr erstes zerbrechliches Baby
im Arm
und sie fragen sich, wie sie jemals auf die lächerliche
Idee kam'n,
sie könnten es vor all den schlimmen ersten Malen
bewahr'n.
Er wird vom Fahrrad fallen und lügen,
vor Kloschüsseln und Pyramiden
in die Knie gehen,
verlassen werden, hassen lernen
und immer wieder aufstehen.
Vielleicht wird er mit Freunden in ein Auto steigen
und die Landstraße entlang durch die Nacht gleiten.
Unbändig glücklich, unendlich jung
und unbegrenzt frei
und unendlich high.
Und vielleicht geht er zu spät vom Gas runter
Vielleicht geht sein Schrei

in zersplitterndem Glas unter.
Vielleicht denkt er noch für den Bruchteil
der ihm verbleibenden Zeit vor dem Aufprall
an all die ersten Male, die er nicht mehr erlebt, weil -
unser Leben ist so schrecklich schnell vorbei.

Und so flüstern sie diesem winzigen Wesen ins Ohr:
Es wird viele erste Mal geben,
also sieh dich lieber vor!
Du wirst Brandmale davontragen,
die irgendwann vernarben,
und der Schmerz wird dumpfer und schrumpft
zu einem stumpfen Sich-damit-abgefunden-Haben.

Darum wünschen wir dir im Leben
möglichst viele nicht egale,
sondern geniale, optimale,
phänomenale erste Male,
denn die kann dir keiner mehr nehm'n
und ihre Summe bildet dein Leben
und letztendlich ist es das Leben, vor dem wir eines
Tages ehrfürchtig in die Knie gehen.

Anmerkung: „Das erste Mal" habe ich für das Unfallprä-
ventionsprojekt „Abgefahren" geschrieben. Die Fassung
für das Projekt endet nicht mit dem imaginären, sondern
mit einem realen Unfall. In dem Text sind einige meiner
Jugenderinnerungen, Beobachtungen zu meinen eige-
nen Kindern und meine Verlustängste verarbeitet.

„Das erste Mal" und „Amilija" waren meine Texte für die Landesmeisterschaft im Poetry Slam 2016. Das Finale habe ich persönlich als Demütigung empfunden: Zum ersten Mal seit Beginn der Landesmeisterschaften standen mehr Frauen als Männer im Finale, die Männer belegten die Plätze 1 bis 4, die Frauen die Plätze 5 bis 9. Wir standen im Halbkreis auf der großen Bühne des Oldenburger Theaters vor Hunderten von Menschen und klatschten lächelnd für die vier erfolgreichen Männer vor uns auf der Bühne.

Slam ist noch immer ein männlich dominiertes Format. Die Line-ups sind in den letzten Jahren prozentual gesehen deutlich weiblicher und diverser geworden. In den niedersächsisch-bremischen Landesmeisterschaften treten seit einigen Jahren mehr Frauen als Männer an, dennoch sind noch immer geschätzt 95 Prozent der Veranstaltenden und Moderierenden männlich.
Die deutschsprachigen Meisterschaften werden seit 1997 ausgerichtet. 1999 gewann Tracy Splinter als erste und 24 Jahre lang einzige Frau den Wettbewerb. Nach ihr hat es bis 2023 keine weitere FINTA geschafft.

Ludwigs Blumen
2016

Direkt neben dem Nordhorner Krankenhaus liegt die
Tanzschule. Als mein Mann und ich dort noch regelmä-
ßig trainierten, konnten wir auf dem Parkplatz vor der
Tanzschule die folgende Beobachtung machen:

Da steht dieser Mann am Straßenrand,
hält einen kleinen Strauß Blumen in jeder Hand.
Er steht dort unbewegt und lächelt unentwegt.
Er lächelt leicht infantil, vielleicht leicht debil,
er starrt zerbrechlich vor sich hin
mit weltentrücktem Blick und leicht verwirrtem Sinn,
während die Menschen ihn passieren,
einen beiläufigen Blick riskieren,
ein mitleidiges Lächeln investieren,
aber natürlich kein Geld in den Strauß
in der Hand eines Mannes, der im Grunde nichts taugt.
Bis morgen, denke ich,
wird er sein Lächeln ausschalten,
seinen Kopf unten halten
und die Hand aufhalten.

Doch einen Tag später steht er dort wieder
mit einem winzigen Blumenstand,
hält einen Strauß Flieder in jeder Hand
und stellt neben sich in eine Vase auf der Straße
einen dritten Blumenbund,
blassrosa Rosen auf grünem Grund.

Und natürlich, denke ich,
ist das ein sinnloses Unterfangen,
ein naives Verlangen
dieses zerbrechlichen Mannes,
etwas Sinnvolles zu tun,
eine Hand voll Blumen
für ein kleines bisschen Geld
als Eintritt in die Welt.
Und ich schenke dem Mann ein schüchternes Grüßen,
und es fühlt sich an wie ein ernüchternder Tritt
mit gut gepflegten Füßen.

Doch zwei Tage später
steht er wieder auf dem Parkplatz,
lächelt leise vor sich hin,
denn das ist sein ganzer Sprachschatz,
er hält in jeder Hand einen Blumenbund,
stellt einen Strauß in die Vase auf der Straße und
ich bin total verblüfft:
Er trägt ein Schild um den Hals
mit gestochen scharfer Schrift,
kalligraphisch schön gemalt,
so als würde er jeden Buchstaben lieben,
steht auf dem kleinen weißen Schild
in Großbuchstaben geschrieben:
Schöne Rosen, sieben Euro pro Strauß.
Und der lächelnde Mann sieht fast erfolgreich aus.

Und ich denke: Das kann nicht funktionieren.
Man braucht einen Abschluss, um zu studieren,

und ein Studium, um sich beruflich zu etablieren,
und einen Beruf, um in ein Haus zu investieren,
und ein Haus, um nicht zu frieren
und einer Frau zu imponieren,
und eine Frau, um sich zu liieren
und ein paar Kinder zu produzieren,
und ein paar Kinder, um sich zu profilieren,
und ein Sparkonto, um deren Studium zu finanzieren,
und eine Krankenkasse, um bei dem ganzen Stress
nicht frühzeitig zu krepieren.
Und die zwei Sträuße sind echt rührend
und der Gedanke echt verführend
und auch irgendwie berührend,
dass ein Mann, der viel lächelt, aber lächerlich wenig
kann, über Nacht,
aus zwei Sträußen in der Hand einen Blumenladen macht.

Doch eine Woche später steht er wieder dort bereit,
hat vor sich zwei, drei Plastikeimer aufgereiht
und in jeden dieser Eimer zwei, drei Sträuße gestellt,
für den Fall, dass jemand die Sträuße kauft, die er in
seinen beiden Händen hält.
Und vorne an der Straßenecke
lehnt an einer halbverdorrten Gartenhecke
ein säuberlich laminiertes
(also Folie, die mit dem Tacker fixiert ist) Plakat,
das in liebevoll gemalten Lettern besagt,
dass der Name des Mannes Ludwig sei
und der Eintritt in Ludwigs Laden
sei nun auch muttertags frei.

Und außerdem steht dort
zwischen den Zeilen Wort für Wort,
dass dieser Mann an einem imaginären Ort
einen Blumenladen besitzt,
an dessen Kasse er sitzt
mit Schaufensterscheiben,
vor denen Passanten stehen bleiben,
und einer kleinen blauen Tür,
die immer offen steht für
all die Menschen, die sich viel zu spät entscheiden,
anderen Menschen, die ihnen wichtig sind,
eine kleine Freude zu bereiten.

Und ich weiß, ich bin pathetisch,
aber ich finde das poetisch.
Und ich denk' an Ludwigs Blumen,
an sein Lächeln, an den Mut,
an den fürchterlichen Anfang
und das tut so richtig gut,
weil ich denke,
dass wir alle einen Ludwig in uns tragen,
einen Menschen,
der mehr Mut hat, als wir je zu denken wagen:
einen Blumenvisionär,
einen Gedankenmillionär.

Und gleich am nächsten Tag
fahre ich mit einem romantischen Vorsatz
zu diesem Parkplatz,
auf dem Ludwigs Laden steht,

um einen Strauß Blumen zu kaufen
oder gleich zwei, wenn das geht.
Doch dort steht ein Mann von der Stadt,
der die Blumen entsorgt und den Verkauf untersagt hat.
Und Ludwig steht am Straßenrand,
hält zwei leere Vasen in jeder Hand.
Er steht dort unbewegt
und lächelt unentwegt,
starrt zerbrechlich vor sich hin
mit weltentrücktem Blick und leicht verwirrtem Sinn.

Und mir wird so richtig schlecht
von meiner persönlichen Einstellung,
denn ich hatte so richtig recht
mit meiner gewöhnlichen Einschätzung,
was alles unmöglich scheint
und was alles nicht geht,
und mein versöhnlicher Vorsatz kam so lächerlich spät.
Ich habe mir mein Leben lang Gedanken antrainiert,
die hab' ich mir wie Sprengstoff um den Oberleib
geschnürt,
und bin so schwer bewaffnet in den Laden einmar-
schiert
und meine ganzen Zweifel sind wie 'ne Bombe explodiert,
hab' mit meinen kranken Gedankensplittern Visio-
nen ausradiert.

Ich hoffe, dass Ludwig morgen schon woanders steht,
und ich ahne, wie es sich anfühlt,
wenn eine Vision zu Grunde geht,

und ich weiß jetzt,
wie ein weltentrücktes Lächeln entsteht,
und mir schwant jetzt auch,
wie diese Dinge sich vermeiden lassen:
Statt eitle Worte zu feilen wie Fingernägel und ein
mit Dschihad-Metaphern geschmücktes Gedicht zu
verfassen,
hingehen,
Strauß mitnehmen,
Geld dalassen.

Anmerkung: Ludwig, dessen Namen ich geändert habe,
verkauft in Nordhorn immer noch ab und zu seine Blu-
men. Er steht nicht mehr vor dem Krankenhaus, son-
dern meistens in der Innenstadt. Seine Blumen verkauft
er inzwischen aus einem alten VW-Bus heraus, auf dem
Ludwigs Name steht.
„Ludwigs Blumen" brachte mich in der niedersächsisch-
bremischen Landesmeisterschaft 2017 ins finale Stechen.
Dieser Auftritt war einer der wirklich wenigen, bei dem
ich mich auf der Bühne von Anfang an wohlgefühlt und
absolut sicher performt habe. Sebastian Butte, Bremer
Moderator, dessen Urteil ich sehr schätze, sagte mir
damals, ich habe die hohe Punktzahl meiner außerge-
wöhnlich guten Performance zu verdanken. Einige Tage
später verriss der Rezensent irgendeiner Oldenburger
Tageszeitung die Performance der Lehrerin Sperling als
„arrogant und prätentiös". Ich war am Boden zerstört.

Pyralinderkugel
2017

Den folgenden Text habe ich für meinen Mann geschrieben. Ich habe das Gedicht nur einmal performt, mein Mann saß an diesem Abend nicht im Publikum. Der Text ist mir für die Bühne zu persönlich, ihn vorzutragen empfinde ich als peinlich. Ich bin nicht dabei, wenn du diesen Text liest, und das ist auch besser so.

Als ich noch klein war, noch viel zu klein,
um zu begreifen, was es heißt, gemeinsam zu sein,
aber gerade alt genug, um schon verliebt zu sein,
sagten die Alten, dass die Liebe bloß ein Mythos sei,
eine Beziehung sei nichts als wissende Genügsamkeit,
Kompromissbereitschaft, eine gewisse Biegsamkeit.

Aber die Liebe ist kein Kompromiss,
kein berechnendes Geben und Nehmen,
kein ständiges aufeinander Rücksichtnehmen,
kein Sich-andauernd-Anpassen,
kein Sich-ja-nicht-zu-weit-Ausdehnen,
kein Sich-im-Rhythmus-der-Gezeiten-Streiten-und-
Versöhnen,
kein Das-eine-haben-aber-sich-nach-dem-anderen-
Sehnen.

Ich glaube, die Liebe ist eine uralte Kugel,
die schwerelos schwebend in unserer Mitte ruht,
gerade schwer genug,

um uns auf den Füßen zu halten
und leicht genug,
um leichtfüßig mit uns durch's Leben zu gleiten,
eine winzige Weltkugel, auf der wir beide leben.
Egal ob wir schlafen oder wach sind,
uns grade lieben oder lachen oder reden,
scheinen wir uns im beruhigenden Reigen
um die gleiche Weltkugelsachse zu drehen.

Und die Liebe ist kein rigides Ausloten
zu viel genommener Freiheiten,
kein perfides Sich-Ausbooten,
kein Aufbieten von Eitelkeiten,
kein infantiles Abwerben
zu wenig bekommener Zärtlichkeiten,
kein subtiles Absterben
einstmals vollkommener Ehrlichkeiten.
Die Liebe ist kein dauerhaftes Zweifeln,
das irgendwann zwangsweise zu Zerwürfnissen
führt,
kein gemeinsames Verzweifeln,
das uns glauben lässt,
wir hätten uns von Anfang an geirrt.

Ich glaube, die Liebe
ist eine uralte Pyramide,
ein antikes Fundament
aus für die Zukunft geformtem Stein,
ein standfestes Sich-fast-immer-sicher-Sein,
ein Sich-beim-anderen-sicher-Sein,

ein imposantes Monument
unserer gemeinsamen Kraft,
das uns für einen Moment
weniger einsam macht.

Und die Liebe ist kein Spiel,
kein Timing-Strategie-Kalkül,
wer den ersten Blick wagt,
das erste Wort sagt,
das erste Lächeln lacht,
den ersten Schritt macht,
wer psychisch weniger fucked up ist
und physisch schöner nackt ist,
wer danach die erste Kippe raucht,
kaum eine Umarmung braucht,
sich schneller wegdreht,
schneller einschläft,
früher aufsteht,
der ist, der weggeht,
der nie die erste Nachricht schreibt,
seltener anruft, öfter wegbleibt,
der weniger von sich zeigt
und ein wenig mehr zu sich neigt,
der mehr kritisiert und weniger gibt,
der mehr analysiert und weniger liebt.

Ich glaube, die Liebe ist ein schwarzer Zylinder,
ein Weiße-Tauben-Wiederfinder,
ein eleganter Begleiter, unser beider Besitz,
der uns vor den Launen des Himmels schützt

und vor Ziegelsteinen,
die von Dächern fallen,
ein Zauberhut-Überraschungs-Schimmer
in unseren faltigen Augen,
ein nach all den gemeinsamen Jahren
noch immer gewaltiges Staunen.

Die Liebe ist kein Mythos.
Die Liebe ist kein Spiel.
Sie ist kein Kompromiss.
Da bleibt wohl nicht mehr viel.

Ich glaube, sie ist eine Pyralinderkugel,
grade schwer genug, um uns in Balance zu halten,
und leicht genug, um schwerelos mit uns durch das
Leben zu gleiten,
ein Überraschungsschimmer in alternden Augen,
ein immer wieder gewaltiges Staunen.
ein Monument von „Leben gemeinsam geschafft“,
das uns für einen Moment weniger einsam macht.

Anmerkung: Dieser Text wurde durch die Ideen meiner
Theater-Schülerinnen inspiriert. Wir erarbeiteten ein
Stück mit dem Titel „Verkörperung“ und die Schülerin-
nen kamen im Rahmen eines Brainstormings zum The-
ma „Körper“ auch auf geometrische Körper, zu denen
sie dann assoziativ schrieben.

Was wird
2016

Es gab eine Zeit, in der ich dachte, meine Eltern hätten sehr viel, wenn nicht gar alles falsch gemacht, was man als Eltern falsch machen kann. Ich glaube, viele von uns brauchen sehr lange, bis sie erkennen, wie viel Glück sie mit ihren Eltern hatten, und viele verpassen den Zeitpunkt, sich einmal für alles zu bedanken, obwohl Zeit genug gewesen wäre.

„Was wird" ist nicht nur ein Dankeschön an meine Eltern, sondern ein Dankeschön an alle guten Eltern da draußen. Und ich hoffe, dass viele Menschen, denen es so ähnlich geht wie mir, ihren Eltern diesen Text vorlesen, ihr eigenes Dankeschön hinzufügen und sich danach bis spät in die Nacht Geschichten erzählen.

Was wird von mir so ganz am Ende
eigentlich noch übrig sein?
Ich geb' in meiner Kinder Hände,
Wissen, Wärme, Mut und Liebe,
Ehrgeiz, Stärke, Gut und Ziele,
doch wie wird es wirklich sein?
Es ist nicht leicht, von hier zu gehen,
wenn ich nicht weiß, was wird.
Ich will doch sehen,
dass meine Kinder hier auf Erden
irgendwann mal glücklich werden.
Darum schon jetzt – bevor ihr geht –
von uns Kindern für euch Eltern

ein paar Worte für den Weg:
Ihr könnt euch wirklich sicher sein,
dass wir die Dinge weiterleben,
– von euch erfahren, erdacht und mitgegeben –
denn es wird sicher richtig sein,
dass die Familie beim Essen beieinandersitzt,
man einander Geschichten erzählt,
wenn man zusammen isst,
den Weihnachtsbaum gemeinsam schmückt.
Und vor der Bescherung singen wir Weihnachtslieder
und vor dem Zubettgehen singen wir Wiegenlieder
und wir lesen unsren Kindern aus Kinderbüchern vor
und ziehen mit ihnen immer wieder
die alten Fotos hervor,
auf denen ihr lebensjung lächelt
und langsam altert über die Jahre,
feine Fältchen, tiefe Falten,
Geheimratsecken, graue Haare.
Und das ist gut.
So soll es sein,
weil es ein Glück ist hier auf Erden,
wenn das Kind die Eltern altern sieht und die Eltern
vor ihm sterben.

Wenn ihr geht, werden eure Geschichten bleiben.
Wir werden sie in uns tragen und niederschreiben:
Geschichten von abgeschöpften Maden auf dem
Suppentellerrand,
von kriegsgeköpften Puppen,
der Luftschutzkeller-Stille,

dem über euch wütenden Höllenbrand.
Die erschöpften Kinder lauschen gebannt,
auf die Bombengeschwader,
Kriegsarmada.
Die Erwachsenen lassen die Menschheit zur Ader.
Die Bomben, sie fallen
weit genug weg von eurem Versteck,
aber nicht weit genug weg von allen,
und am nächsten Morgen
fehlt in der Schule wieder ein Kind,
weil manche Bomben
leider doch zu nah gefallen sind.
Ihr hört Schreie unter Steinen begraben,
die zu schwer wiegen,
um von zwei kleinen Kinderarmen,
von den Menschen, die unter ihnen starben,
und heute noch immer irgendwo sterben,
einfach weggetragen zu werden.
Wir werden diese Geschichten unsern Kindern er-
zählen,
damit sie später immer den Frieden wählen,
weil sie nicht nur wissen, sondern verstehen,
dass mit Krieg immer Hunger, Angst, Leid, und
Tod einhergehen.

Wir werden auch an die kleinen Dinge denken,
an eure unbändige Freude
an selbstgebastelten Geschenken,
an Hunderte von Pflastern
auf aufgeschlagenen Beinen,

an Trost spendende Worte
zum nicht enden wollenden Kinderweinen,
an eure Sorgen in den durchwachten Nächten
eines kleinen trotzenden Kindes,
an eure Sorgen in den durchzechten Nächten
eines großen kotzenden Kindes,
an eure Ermahnungen,
dumme und gefährliche Dinge zu unterlassen,
und eure Großmut, wenn wir sie dann doch getan
haben und es euch wenigstens haben wissen lassen,
an die immer wiederkehrenden Erziehungssätze,
an das Sammelsurium der Kinderschätze
auf den mit Patschehänden
verzierten Wohnzimmerwänden,
an unsere kleine Hand in euren großen Händen.

Und ja, ihr habt einige Dinge falsch gemacht,
aber es waren nicht viele und es wäre ja gelacht,
wenn wir sie noch immer nicht reflektieren könnten,
nicht akzeptieren könnten,
uns nicht neu sortieren könnten.
Also werden wir eure Schwächen lächelnd
und eure Stärken stolz beim Namen nennen,
die wir nun nicht ganz flächendeckend
verteilt in uns selbst wiedererkennen.
Und bei jedem entscheidenden Schritt,
den uns das Leben aufbürdet,
werden wir uns fragen,
was ihr uns wohl raten würdet,
so als würdet ihr noch immer

eure Hand über uns haben,
um uns zu schützen, zu lenken,
zu loben und zu mahnen,
und am Ende dann trotzdem
unseren eigenen Weg einschlagen.

Denn ihr gabt in unsere kleinen Hände
Wissen, Wärme, Mut und Liebe,
Ehrgeiz, Stärke, Gut und Ziele
und – ja, wir werden glücklich sein.
Was wird von euch, von uns
so ganz am Ende übrig sein?
Worte für morgen,
sicher geborgen
und weitergegeben
ins nächste Leben,
Geschichten eben.

Anmerkung: Auch diesen Text habe ich nur einmal auf einer Slambühne performt. Er ist zu persönlich und zu leise. „Was wird" ist zum langsamen Vortragen und liebevollen Verschenken. Nicht jeder Slamtext eignet sich für die schnelllebige Performance vor einem wettbewerbslustigen Publikum. Lyrische Slamtexte sind inzwischen eher eine lyrische Subgattung, die für einen stark rhythmisierten Vortrag in einer Länge von bis zu sieben Minuten verfasst ist und in der Regel einen in sich geschlossenen Gedankengang entfaltet. Mit der ursprünglichen Bedeutung von Slam (= Wettkampf) hat ein Text wie „Was wird" eigentlich nichts mehr zu tun.

Fatma Fee Fingernagelgroß
2017

In der Schule sind wir immer wieder mit Einzelschicksalen konfrontiert, die sich als repräsentativ für viele Kinder mit einer ähnlichen Leidensgeschichte entpuppen.

Ab 2015 unterrichtete ich einen zusammengewürfelten Kurs aus Kindern und Jugendlichen in Deutsch als Zweitsprache. Dieser Text ist in einer Stunde entstanden, in der es um Zahlen und Längenmaße ging. Die Kinder sollten mit möglichst großen Schritten den Klassenraum ausmessen. Während die meisten sofort losrannten, blieben drei Mädchen wie angewurzelt stehen. Schließlich fasste eines der Mädchen Mut und flüsterte mir ins Ohr: „We cannot do big steps, Ms Sperling. We have a big problem here.“ Mit einer schüchternen Geste zeigte das Mädchen auf ihren Genitalbereich.

Die drei Schicksale der Mädchen habe ich zusammengeschmolzen und in einen Text gegossen, weil ich glaube, dass die gravierenden körperlichen und psychischen Folgen, mit denen diese Mädchen und jungen Frauen leben müssen, benannt werden sollten. Und weil sie eine Stimme verdient haben und Mut brauchen für die weitreichende Entscheidung, die sie in unserem Land treffen können.

Ihr Dorf lag am Rande der Wüste.
Sie fühlt noch im Sand ihre Füße,
sieht noch den Horizont,
der in der Hitze vibriert,
spürt noch den Wasserkanister

auf dem Kopf balanciert,
schmeckt noch das Zuckerrohr
süß zwischen Zähnen,
hört des Nachts noch die Wüstenhyänen.

Das vergisst man doch nicht,
davon träumt man noch nachts,
von der Kindheit, der Heimat, der Hochzeitsnacht,
die sie niemals vollziehen wollte,
mit einem Mann, den sie lieben sollte,
so viel älter, so fremd und so grob.

Und ihre Öffnung zu lieben
ist nur fingernagelgroß
und ihre Hoffnung zu fliehen
ist nur fingernagelgroß
und ihre Chance zu überleben
ist nur fingernagelgroß.

Aber ihr Name ist Fatma
und ihr Wille ist noch nicht gebrochen,
also verlässt sie ihre Familie
und den Mann, dem sie versprochen
ist, durchquert die Wüste,
überquert das Meer,
überlebt das Boot
und lässt die Finsternis hinter sich,
denkt sie,
denn jetzt kommt ihre Zeit,
denkt sie:

Schule, Ausbildung, Studium,
Ärztin, Unabhängigkeit.
Sie kann ja rechnen,
und zählen und Zahlen aufschreiben,
nur das Ziffernblatt der Uhr nicht verstehen.
Sie kann Somali und Englisch
und Buchstaben schreiben,
nur leider noch nicht so gut lesen.
Sie wollte ja länger in der Schule bleiben,
doch es sind nur zwei Jahre gewesen,
denn dann kam das Leben dazwischen,
man hat überleben müssen.

Jetzt sehnt sie sich nach Unterricht
wie nach dem ersten Weiß von Schnee:
Sie sitzt in der Bank und lauscht ganz gebannt,
was die Lehrerin weiß und spricht,
den Bleistift gespitzt, mit aufrechtem Sitz,
doch es tut ganz fürchterlich weh,
beim Sitzen, beim Bluten, beim Dinge-Verstehen,
beim Denken, beim Beten, beim Pinkeln, beim Gehen,
und sie geht und lernt nur in kleinsten Schritten,
denn die Naht schmerzt in einstigen Schnitten.

Also bleibt das Blatt vor ihr weiß und leer,
aber sie weiß jetzt mehr:
Die weißen Mädchen um sie rum
sind keine Jungfrauen mehr.
Deren Gott scheint das alles nicht so eng zu sehen,
aber Allah – Allah würde ihr das niemals vergeben

und sie müsste jetzt wirklich nach Mekka beten,
aber das geht jetzt nicht
und ihr Gebetsteppich ist nicht hier
und ihre Familie ist nicht hier
und kann ihr nicht mehr helfen
und ihre Heimat ist jetzt hier,
sagt man ihr,
und die Bilder beginn'n zu verschmelzen:

Ihr Dorf lag am Rande der Wüste.
Sie spürt noch im Sand ihre Füße
und im Frühling den kalten Asphalt,
riecht die Sommererde im Wald,
sieht noch den Horizont, der in der Hitze vibriert,
spürt noch den Wasserkanister auf dem Kopf balanciert,
berührt das Heißwasserhahnwunder,
das jetzt jeden Morgen passiert,
sehnt sich nach Zuckerrohr süß zwischen Zähnen,
liebt das Hochhäuserlichtermeer, das des Nachts
fluoresziert,
hört des Nachts noch die Wüstenhyänen.
Das vergisst man doch nicht,
davon träumt man noch nachts,
von der Kindheit, der Heimat, der Hochzeitsnacht,
die sie niemals vollziehen will,
mit einem Mann, den sie lieben will.

Und ihre Öffnung zu lieben
ist nur fingernagelgroß,
und ihre Chance hier zu lernen

ist nur fingernagelgroß
und ihre Hoffnung hier wirklich zu leben
ist nur fingernagelgroß.
Aber ihr Name ist Fatma,
sie überlebte die Wüste, das Boot und die Finsternis
und in ihr wächst ein Gedanke
und es ist etwas ganz Verbotenes:

Eines Tages wird sie nach Mekka beten
und die Frau vom Amt um Rettung bitten,
denn sie kann nicht verdauen,
nicht sitzen, nicht schreiten,
nicht bluten, sich nicht mal den Spiegel vorhalten.
Eines Tages wird sie eine Praxis betreten
und die Naht, die sie zuschnürt, wird aufgeschnitten.
Dann wird sie zwar keine Jungfrau mehr sein
und Allah wird ihr das vielleicht niemals verzeihen,
aber sie wird Allah um Vergebung bitten
für sich selbst und für die,
die sie damals beschnitten.

Und dann schlägt sie ihren Lebensweg ein
und zwar in ganz großen Schritten.

Anmerkung: Eine der drei Frauen hat sich inzwischen
in Berlin operieren lassen und ist Mutter zweier Töchter
geworden. Sie möchte nicht nach Afrika zurückkehren,
weil sie Angst hat, dass ihre Töchter dort das gleiche
Schicksal ereilt wie sie. Hier in Deutschland lässt sie sich
zur Altenpflegerin ausbilden.

Inhaltliche Anmerkung: Genitale Verstümmelungen resultieren nicht nur aus einer pervertierten Auslegung des muslimischen Glaubens, sondern auch Familien anderer Religionszugehörigkeit führen grausame Beschneidungsrituale durch. Ich wollte jedoch nicht aus einer gesellschaftspolitischen Sorge heraus die Biografie der Mädchen, bzw. meine Erfahrungen und Gespräche mit den Mädchen verändern. Diese drei Mädchen waren Musliminnen. Menschen mit einem gesunden Menschenverstand wissen hoffentlich, dass ein Großteil der muslimischen Gemeinden derartige Rituale aufs Schärfste verurteilt.

Zur Performance: Mit diesem Gedicht habe ich eigentlich meine Bühnenkörpersprache entwickelt. Ich habe zu diesem Text eine Reihe von Handbewegungen choreographiert. Das hilft mir nicht nur, meine Körperhaltung auf der Bühne zu kontrollieren und den Text sicher zu performen, sondern es bietet eine Art Illustration zum Text für das Publikum. Die Performance wird visuell rhythmisiert und für mein Empfinden auch zusätzlich poetisiert. Du wirst diese Art der minimalistischen Handchoreografie in vielen meiner Textperformances wiedererkennen.

Suchstaben
2017

Der folgende Slamtext basiert auf dem System, das wir von Lesetests kennen. Ich habe einzelne Laute ausgetauscht oder weggelassen und trotzdem versucht unser Gehirn beim Lesen, den Originaltext zu rekonstruieren. Durch die Lautveränderungen entstehen außerdem neue Wörter mit einer eigenen Bedeutungsebene, die dem Text einen zweiten Sinn verleihen. Das klingt sehr kompliziert, ist es aber nicht. Wenn ich zum Beispiel sage, dass mein Opa ein Bazi war, schließen einige Menschen daraus, dass mein Opa ein kleiner, aus Bayern stammender Schlingel war – und das stimmt (zumindest in meiner Erinnerung). Andere haben den Laut schon zurückgetauscht und vermuten nun, dass mein Opa ein Nazi war – und das stimmt auch und ist die bittere andere Seite der Wahrheit. So funktioniert der gesamte Text. Es ist eigentlich egal, welche der beiden Sinnebenen du verstehst, beide sind richtig.

Wenn ich den Text performe, untermale ich mit meiner Gestik die ursprüngliche Bedeutungsebene, wobei ich nicht weiß, ob das die Rezeption wirklich einfacher macht. Den Text zu verstehen, wenn man ihn lesen kann, statt ihn performt zu sehen, entfaltet zwar nicht die gleiche Wirkung, ist aber sicherlich leichter.

Rücksau

Schon bald bin ich eine Kreisin,
geh' müde durch zahlreiche Kassen,
bin leiser als jemals zuvor,
bin ein Quench nur in Menschentassen
und am Ende ein einsames Tor,
denn wenn ich in Ruhe zurücksau,
zurückklick in all meinen Jahren,
dann kommt mir mein tanzes Gebaren
so früchterlich nichtig vor – Moppelpunkt:

Eins: Umweltbewusstschein

All der prunkvolle, kotzbare Schnuck,
an unseren Waldbaudecken der Stuck,
ein Beruf so erfolgleich und nächtig,
ein Sohnhaus so groß und so trächtig,
zu jeder Qualzeit ein Kloß und viel Fleisch auf dem Fisch,
aus Rassentierhaltung gewonnen,
erst die Bälder gerodet, die Tiere geschildert,
dann auf die Artenzielfalt besonnen,
in jedem Urglaub den Flieger genommen.

Den Tüll hab ich getrennt, da hab ich Bert draufgelegt,
ein wenig Umweltbewusstschein muss sein,
meine Biosonne voll, mein Warten gepflegt,
die mit Plastikfülle abgefuckte Ware verschmäht,
Strom und Wasser gepaart, ein Zoobier adoptiert,
einem Weizenkind in Afrika ein Schulja finanziert,

nie einen Weichspieler verendet,
viel alte Leidung gespendet,
aus Angora und Kashmir und Scheide,
so körperbelohnt, stilvoll und fick,
von kleinen Kinderschänden angefertigt.

Zwei: Meine Kenner

Und ich habe so viele Kenner gehabt,
so viele versetzt, so viele vergoren
und mir so fiese Male im Stillen geschoren,
mich nie mehr so kränzen zu lassen.
Und die Kenner, die ich hatte,
hab' ich sie wirklich alle gesiebt?
Solange gesiebt, bis nur noch einer beep?

Es ist füßig, darüber nachzurenken,
es war nur einer von möglichen Degen
und hätte ich einen anderen gequält,
wär' er auch nicht nässer gewesen,
auch dort hätt' ich sicher gefehlt.

Drei: Meine kleinen Hinder

Und die Zeit mit meinen kleinen Hindern
scheint so fruchtbar schnell verflossen.
Hab' ich sie wirklich richtig gegossen?
Genügend Hiebe? Genügend Ärme? Genügend Eid?
Und genügend Ausmärzsamkeit?
Einiges lässt sich ja gar nicht verkindern

und bückwirkend tut es mir leid.
Ich hab' ihnen doch so viel geleben,
so viel versengt und so viel geteigt,
dass es sich manchmal so ankühlt,
als ob von mir selbst nichts mehr übrig leibt.
Nicht mal das Scheiben von Wörtern
erscheint mir noch sonderlich sinnlich;
erst Kleben, dann Trank werden, Scherben:
Ich frage mich, wo Bier der Sinn ist.

Vier: Die große Trage

Irgendwann bin ich wirklich alt
und dann muss ich mir die Trage stellen,
bevor die Trage in zu schnellen Schitten
von faltigen Kippen fällt:
Warum? Vino? Weshalb?

Was hast du alles gesauft
von deinem bisschen Welt?
Was hast du alles gelacht
für ein wenig Gefechtigkeit?
Was hast du wirtlich gedacht,
damit die Welt so leibt?
Hast du ihr gebient
oder hast du sie kaputtgelacht?
Hast du auch mal gewandelt
oder hast du immer nur nachgemacht?
Ragen überragen überragen.

Fünf: Eine keine Antwort

Am Ende sind wir alle nur Suchstaben
mit bestem Platz im Alphabet,
ein Hohn nur, den jeder versteht,
von kaum sichtbarer Beläutung,
immer damit besäftigt sich auszusehnen,
mehr zu werden, wer zu werden,
sich gegen das Nichtslein aufzudehnen.

Doch einmal im Greis gedreht,
ein anderer Latz, woanders gehetzt,
oder ausgelassen im Ort,
bereifen wir endlich, was wir Affen können,
was wir tollen, was wir räumen, was wir ruh'n,
jeden Punsch, den wir mal hatten, jeden Rum,
jedes zu zweit gesteckte Ziel,
jeden Finn, den wir mal sahen,
und jedes verlorene Siel.
Und dann fühlen wir, wer wir Kind,
Bein werden, waren und genesen sind.
Und in uns lodert das Euer,
ein rastloses Ungemäuer.

Wir sind Suchstaben und keine Fehle,
und schüren in unserer Seele,
nach ragen, überragen, überragen,
die eigentliche Beläutung,
die wir in uns tagen.

Sechs: Verabschiebung und Hände des Textes

Ich tanke euch aus schiefstem Herzen,
denn das Bier, also alles Bier, ist mein Sinn.

Anmerkung: Ich habe diesen Text innerhalb von zwei
Stunden geschrieben und beim Auswendiglernen kaum
mehr verändert. Dafür war das Auswendiglernen selbst
eine Tortur.
„Suchstaben" spaltet das Slampublikum wie kein an-
derer meiner Texte und die Jurymitglieder, die „Suchs-
taben" mit sechs Punkten bewertet haben, möchte ich
dazu verdonnern, den Text auswendig zu lernen – und
danach sprechen wir uns noch mal.

Die zwölfte Fee
2018

Die folgende Geschichte hat sich genauso in unserem unmittelbaren Verwandten- und Freundeskreis zugetragen. Ich würde mir nicht anmaßen, einen derartigen Text, insbesondere nicht mit einem derartigen Schluss, zu schreiben, wenn er nicht einer wahren Begebenheit entspräche. Die Kinder, von denen das Gedicht handelt, waren damals in der dritten Klasse.

Sie sieht aus wie Pippi Langstrumpf,
nur in jünger und in schön:
zwei blonde Zöpfe, Sommersprossen
und ein echtes Lächelgen,
das sie immer lächeln lässt
und die Leute, die sie lächeln seh'n.

Er steht in allen großen Pausen
im kleinen Schulhoffußballtor,
linst, während andere Jungen sausen,
verstohlen aus dem Tor hervor:
Er sieht sie Pferdchen spielen, sich verstecken,
lächeln, kichern, fangen,
er sieht nur sie,
als gäb's nur sie
– mit frechen Grübchenwangen.

Er interessiert sich nicht für Mädchen,
die sind eklig, dumm und eitel,

aber sie, sie ist was anderes,
zaubert Hunderte von bunten Bildern auf Gedankenseiten
und er liebt Pferde über alles
und sie hat Pferde und kann reiten!
Und so spielen sie, die beiden Kleinen,
auf ihren weiten Pferdeweiden,
striegeln Pferdemähnensträhnen
und er kann sie wirklich leiden.
Es endet nicht, das feine Sehnen
nach Gemeinsamkeiten-Zeiten.

Er weiß, dass so was Liebe ist,
auch wenn er sie noch gar nicht küsst,
ja nicht mal ihre Hände hält,
weil ihnen das noch nicht gefällt.
Die Erwachsenen lächeln milde:
„Andre Jungs sind laut und wilde.
Er ist halt nur sehr sensibel.“
„Nein“, denkt er, „so ist es nicht,
ich weiß, das Ding heißt Liebe.“

Und dann beginnt die Märchenstunde,
schnell verbreitet sich die Kunde,
es ist im Dorf etwas geschehen,
Dornröschen ist in aller Munde,
doch manches scheint so sonderbar:
kein böser Wunsch, kein Königskind,
kein Fest der dreizehn Feen.
Das Mädchen ist zwar wunderschön,
doch ist's noch nicht mal zehn.

Die Eltern sind kein Königspaar,
der Turm die Straße vor dem Haus,
die Spindel ist ein PKW mit 70km/h,
schert aus.
Das Mädchen fliegt hoch in die Luft,
und dann, dann schlägt es auf.
Es fällt in einen tiefen Schlaf,
das Märchen, das ist aus.
Die zwölfte Fee, die mildert nichts,
die kam ja nicht mal vor,
und die Erwachsenen schildern nichts,
die wachsenden Bilder – er will das nicht!
Verdammt, was geht hier vor?

Die Lehrerin spricht ganz betroffen:
„Es hilft nur beten jetzt und hoffen."
Die Mädchen heulen, die Jungen stieren
verloren in den stillen Raum.
Die Stille bildet Augenschlieren.
Er fühlt sich ohnmächtig und taub,
und langsam, langsam steht er auf.
Wankende Gedankensäulen drohen zu kollabieren,
und Hunderte von Kinderfragen-Dronen explodieren:

Warum *sie* und nicht das Arschlochkind,
das hier alle drangsaliert?
Und wo war *er*, der große Macker,
der macht, dass so was nicht passiert?
Am Smartphone gedaddelt mit tippendem Finger
und Mittelmeerschiffe versenkt?

So wie die Fahrerin des Wagens
vom Smartphonetippen abgelenkt?
Und was passiert, wenn sie nicht mehr aufwacht?
Und warum schläft sie überhaupt?
Und was passiert, wenn man sie „ausmacht"?
Ist so was überhaupt erlaubt?
Kann hier jetzt irgendjemand sagen,
dass es so was gar nicht gibt
und dass das nur das Märchen ist
und nicht das Mädchen, das er liebt?

Und so wütet er und schreit er
gegen seine Ohnmacht an,
seinen Mittelfinger zeigt er,
und dann schweigt er – tagelang.

Keine Dornenrosenhecke wächst
ums Schloss mit großem Garten.
Das Krankenhaus ist so weit weg,
muss er jetzt hundert Jahre warten,
bis er sie mal sehen darf?
Und niemand aus dem ganzen Dorf
fällt auch in einen tiefen Schlaf,
nicht einmal der letzte Arsch!
Keine Hecken, keine Rosen, keine Dornen,
nicht mal Schorf
und banges Warten, stille Trauer
legen sich aufs ganze Dorf.

In der Schule brennen Kerzen,
auf dem Schulhof darf man scherzen,
weil Kinder gerne glücklich sind.
Wenn da etwas Wahres dran ist,
dann ist *er* wohl doch kein Kind,
denn er hört die Eltern flüstern,
dass die Ärzte in den Kitteln
ihre klugen Köpfe schütteln,
weil man das beenden muss.
Vergiss die Prinzen und den Kuss!
Dornröschen wacht wohl nicht mehr auf,
und schlägt es doch die Augen auf,
dann kann's nicht sitzen, laufen, sprechen,
kann's nicht denken, kann's nicht essen,
kann es niemand mehr erkennen
und an nichts mehr sich erinnern,
denn Dornröschen ist kaputt,
nicht nur außen, auch im Innern.

Wochen
um Wochen
um Wochen
um Wochen gingen noch ins Land,
zu viel für Kinder mit Verstand,
bis der besagte Morgen tagte,
an dem das Wunder dann geschah,
das niemand mehr zu hoffen wagte:
ein erstes Lächeln – wie sonderbar.
Ein Augenaufschlag, Händeheben,
ihr Wille kehrt zurück ins Leben.

Das ganze Dorf ist so erleichtert
und dann erwacht auch ihr Gehirn,
gekappte Synapsen, kaum noch Speicher
hinter der Sommersprossenstirn,
doch Woche um Woche um Woche
wird's leichter,
beginnende Erinnerungen zu entwirren.

Nicht hundert Jahre, zwei wird's dauern,
bis sie voreinander stehen,
denn endlich, endlich auf dem Schulfest,
erhören ihn die Märchenfeen.
Zaghafte Blicke, verschmitztes Blinzeln,
ein winziges Zwinkern von Weitem,
gewagtes Augenwinkelblitzen und Blicke,
die schamhaft zu Boden gleiten,
denn ihre Wörter rollen langsam,
aber sie kann ihn verstehen.
Ihr linkes Bein ist etwas gangarm,
aber sie kann wieder gehen.
Sie versteckt sich hinter Narben,
aber er kann sie noch sehen.
Und er weiß, dass es jetzt anders ist
und vielleicht nie mehr wie zuvor,
aber sie ist ihm geblieben
und zaubert wieder Bilder vor.

Sie sieht aus wie Pippi Langstrumpf
nur in älter und in schön,
'ne Riesennarbe unter'm blonden Zopf

und dann dieses Lächelgen,
das sie wieder lächeln lässt
und die Leute, die sie lächeln seh'n.
Also nimmt er ihre Hand
und was noch kommt, werden wir sehen.

Anmerkung: Die beiden Kinder haben umzugsbedingt nur noch sporadisch über WhatsApp miteinander Kontakt. Dem Mädchen geht es noch immer nicht gut. Es wird mit Beeinträchtigungen leben müssen, aber es lebt und es ist erstaunlicherweise die meiste Zeit glücklich. Dieser Text hat „Das erste Mal" für das Unfallpräventionsprojekt „Abgefahren" abgelöst, wurde von dem online-Nachhilfelehrer „Lehrer Schmidt" gefilmt und auf seinem Kanal hochgeladen. Ich trage den Text im Rahmen des Unfallpräventionsprojekts jährlich vor über tausend Elftklässler*innen der Grafschaft Bentheim vor. Die gesamte Geschichte habe ich in einem Roman verarbeitet, den ich als E-Book auf Amazon hochgeladen habe, nachdem meine damalige Literaturagentin das Thema für zu schwermütig hielt und der Markt als mit „sicklit" (was für ein schrecklicher Begriff) gesättigt galt. Der Roman wird in einigen 5. und 6. Klassen gelesen, um die Themen Freundschaft, Liebe und Verlust zu besprechen. Fast jedes Jahr bekomme ich von meiner geschätzten Slamkollegin und Freundin Jenny Riek herzzerreißende Aufsätze von Schüler*innen zugesendet, die sich mit der Thematik beschäftigen.

Oh Menschenkind
2018

Auf Sizilien gibt es eine kleine Bucht, die übersät ist mit riesigen Steinen. Diese Steine muten an wie erstarrte Riesen. Ich saß tagelang mit einem Collegeblock ausgestattet auf einem der Felsen und habe über diesem Gedicht gebrütet. Für einen Slamtext ist es sprachlich und inhaltlich eigentlich zu komplex, aber es ist aufgrund der vielen Assonanzen (Vokalwiederholungen innerhalb der Verse) und Alliterationen (mit gleichem Laut anfangende Wörter) wundervoll vorzutragen. Lies es bitte laut! Es lebt vom Klang und die Wörter flutschen im Mund herum. Und nun begib dich mit mir in diese sagenumwobende Bucht:

Wie im wütenden Würfelspiel riesiger Götter
willkürlich über die Klippen geschüttet
ruhen dort umtost von Ursuppenwogen
turmhohe Urpuppen von monströsen Proportionen.
Einst, wir sind heute Jahrtausende weiter,
brachen sie heraus aus steinernen Eiern,
Ursuppe speiend und beim sich Befreien begreifend,
rundherum nur Gesteine unter kreisenden Geiern.

Ein Titan stiert wild um sich,
bitte fühl dich in ihn ein.
Er ist ein humpelnder, kriechender
Klumpen aus Stein,
einfingrig, zweizüngig,
dreiköpfig, vierarmig.

„Oh, Schöpfer! Wer bin ich?",
fragt jäh der Titan sich.
„Bin Geschöpf oder Scheusal ich
oder bin ich normal? Ich
fühle nur Scham, sei gnädig, erbarm dich,
ich ertrag diese Qual nicht!"

Hoch über der Brandung
thront süffisant, unverfroren,
von arroganter Ignoranz
der Urbrut-Gott Tjorben.
Ein zyklopischer Kopf nur,
der Großkotz des Nordens.
Das Auge geschlossen
als Wächter des Mordens.

Neben ihm blinzelt Sphinx über friedliche Fjorde.
„Das Felsvolk dort unten? So trotzig, verdorben.
Zu nichts auserkoren! Man kann es entsorgen!"
Sie sorgen sich nicht um die verlorenen Horden
der sich wälzenden Riesen, der Felsen von Morgen.

Der Titan stemmt die Hand
auf den Boden am Strand,
es umtost ihn das Urmeer,
es schwemmt ihn an Land,
kein Sand ohne Finger,
kein Halt ohne Zehen,
doch er richtet sich auf,
denn er will sich selbst sehen,

und er sieht, was er fühlt,
denn du fühlst, was du bist:
Er ist ein steinerner Leib nur, ein Felsengewicht,
so sinnlos verbunden, organisch so schlicht,
ein mundloser Riese, der in Panik ausbricht,
weil er nicht schreien kann
wie wir vor Schmerz und vor Wut,
weil er nicht fragen kann:
„Woher komm' ich, ich herzlose Brut?
Und wohin geh' ich, oder vielmehr:
Warum kann ich es nicht?"
Der ob des eigenen Anblicks zusammenbricht.

Ungewollt und voll Groll
rollt der Troll auf den Rücken,
folgt den donnernden Wolken
mit kraftlosen Blicken.
Viel zu nah an der Frucht,
aus der er suchend geschlüpft ist,
trifft hart ihn die Wucht
der verfluchten Erkenntnis,
dass die Flucht aus der Bucht
das missglückte Dead End ist.
Und jetzt, da sein Schicksal ihm restlos bekannt ist,
erstarrt sein Blick
auf Meer, Himmel und das Innere des Landes.

Und der wandernde Fixstern
in immer westlicher Richtung
verwandelt den Kummer

durch tröstliche Lichter
ganz langsam in schlummernde Riesen-Gesichter.
Und wenn du dich hinsetzt und ihm lauschst, ja,
dann spricht er.
Gerade jetzt und hier rauscht es,
sein raues Geflüster:

Oh, Menschenkind, du! So hör meine Worte,
bist von Eltern, ohne Geier und im Trocknen geboren,
dein Haus ruht auf Grund, hinter Zäunen geborgen,
dein Dach schützt vor Regen, vor Schnee und vor Tjorben,
deine Wände vor Wind und dein Ofen vor Eis,
deine Beine, sie tragen dich, dein Herz schlägt dich heiß,
dein Mund lässt dich fragen nach, was du nicht weißt.

Ich hoff', du weißt, dass du schön bist,
so beinahe symmetrisch,
so erstaunlich beweglich,
so unglaublich geschmeidig,
so energetisch zweibeinig.
Ich wäre so gern diese kostbare Einheit
aus Weisheit und Weitsicht
und Einsicht und Worten,
mit fruchtbaren Lenden
und Händen zum Formen.
Oh, hätt' ich deine Hände,
ich würde Hütten erbauen
für das hilflos gestrandete flüchtende Grauen,
und Nester für verlorene Riesenfelskinder,
und Eltern ihnen formen und einen Erfinder,

viel gütiger als Tjorben und die lächelnde Sphinx, ja,
zum Behüten und Sorgen und Richtung zu finden,
und streicheln würd' ich all die,
die sich so fürchterlich schinden.

Oh, nützt eure Hände, um füreinander zu sorgen
und nicht um Schlachten zu führen
für Macht, Gier und Gott!
Es gibt ihn ja gar nicht, den einzig „richtigen" Gott,
und gibt es ihn am Ende letztendlich doch,
dann ist er kein Schlächter wie Tjorben.

Ich wünschte, ihr würdet euch selber erkennen,
und in dieser Erkenntnis einander liebkosen,
doch darf ich mich mundloser Urtroll nur nennen,
im endlosen Ursuppen-Tosen.

Anmerkung: Ich halte „Oh Menschenkind" für einen meiner sprachlich versiertesten Texte und für ein gutes Beispiel für die Grenzen des Slamformats. Das Publikum hört die Slamtexte nur und kann sie nicht gleichzeitig mitlesen. Es ist außerdem mindestens neun schnell aufeinanderfolgenden und noch dazu überdurchschnittlich schnell vorgetragenen Texten hintereinander ausgesetzt. Wenn die Texte zu abstrakt, komplex oder unzugänglich sind, steigt ein Großteil des Publikums aus dem Text aus. Die Publikumsjury bewertet ihn dann oft mit niedrigen Punkten, weil sie ihn als zu abgehoben oder unverständlich empfindet. Das ist sehr schade.

In der Küche wartet Milchkaffee
2019

Diesen Text habe ich im Rahmen eines sehr spannenden Wettbewerbsformates geschrieben: Sogenannte Rookys (Bühnenneulinge) durften mit ihren vorbereiteten Texten gegen Profis antreten. Uns Profis wurde direkt vor Ort nur zwei Stunden vor dem Auftritt ein Thema gegeben, über das wir schreiben mussten.
Ich war frustriert, weil ich das Thema „Drunter und drüber" zunächst nicht sonderlich reizvoll fand. Mein Leben geht nämlich relativ wenig drunter und drüber, sondern ist insgesamt ganz gut organisiert. Letzteres habe ich mir dann als Ausgangspunkt genommen und die zwei Stunden durchgeschrieben.

Für ein besseres Textverständnis möchte ich im Vorfeld noch erwähnen, dass mein Mann und ich das klassische Rollenmodell leben – nur andersherum. Ich arbeite in Vollzeit und er ist seit der Geburt unseres ersten Sohnes Hausmann, kümmert sich liebevoll um die Kinder und hält mir geduldig den Rücken frei.

In ihrem Leben geht nichts drüber
und schon gar nicht etwas drunter,
denn ihr Leben ist der Masterplan,
ihr Leben hat Struktur.
Sie hat Kinder, Job und Ehemann und mitunter
ist sie, wie *jetzt* eben, in ihrem Leben oft auf Tour.
Sie hat nicht mal das Gefühl,

dass sie damit groß jongliert,
denn ihre Tage sind recht einfach,
so famos durchstrukturiert:
Wenn sie aufwacht, dann sortiert sie
in Gedanken, was sie anzieht,
wenn sie aufsteht, guckt ihr Mann kurz,
weil er weiß, dass sie jetzt blankzieht.
In der Küche wartet Milchkaffee
und ein Sandwich, wirklich taufrisch,
er weiß ganz genau, dass sie gleich geht,
und sie weiß ganz genau, was *drauf* ist.
Und das gibt den beiden Sicherheit
in einer Welt der nah'nden Krise,
der Welt der Scheidungen, der Schicksalsschläge,
der zu weit entfernten Paradiese.

Auf ihrem Weg zur Arbeit morgens
fährt sie sich den Kopf frei,
sie plant den Morgen, denn in ihrem Job,
muss sie wirklich top sein.
Sie arbeitet mit jungen Menschen,
und sie ärgert sich fast täglich,
weil die Kinder ziemlich fresh sind,
aber das Leben ist halt eklig.
Sie sind Opfer ihrer Eltern, unserer Medien, des Systems.
Sie lebt jeden Tag ihr Credo,
sie immer wieder neu zu seh'n,
sie zu nehmen, wie sie ihre eignen Kinder
von andern gern behandelt sähe,
das wahrzunehmen, was sie können,

und nicht das, was sie *nicht* versteh'n.
Und wenn sie auf die Auffahrt fährt,
dann sieht sie, wie ihr Ehemann
von der Couch aufsteht, die *Tür* öffnet
und fragt, was er ihr abnehm'n kann.
Sie weiß, dass in 'nem großen Topf
schon warmes Essen für sie da ist,
weil sie, wie jeden Tag seit Jahren,
nach der Arbeit einfach gar ist.
Und ihr Mann, der macht den Haushalt,
macht den Abwasch, putzt die Schuhe,
macht die Wäsche, macht das Essen,
macht all das in Seelenruhe,
wie ein Mönch, der in 'nem Zen-Garten
im Kies so seine Kreise zieht,
und sie möcht' nie, dass das aufhört,
wenn sie ihm dabei leise zusieht.

Und dann sitzt sie auf dem Sofa,
wird ganz still und ganz bedächtig:
In ihrem Kopf sind viele Menschen,
deren Leben nicht gerecht ist,
deren Leben ganz chaotisch ist
und die sie sehr bewegen.
Menschen, denen wir fast täglich
und fast überall begegnen,
und dann will sie diesen Menschen
mit besten Worten eine Stimme geben,
vielleicht helfen diese Worte,
das Geschehene zu sortieren,

vielleicht hilft ein wenig Ordnung,
sich nicht im Chaos zu verlieren,
vielleicht gibt sie nicht nur Stimme,
sondern auch ein wenig Richtung,
vielleicht bewirken ihre Worte
gerade heute doch das Richtige.
„Vielleicht liebt sie nur das Rampenlicht
und ihr Sprungbrett ist die Dichtung“,
sagen Menschen, die sie scheiße finden,
vielleicht ist es auch ’ne Mischung,
vielleicht ist es ja letztendlich
auch eigentlich nicht wichtig.
Denn abends steht sie auf der Bühne
und dann ist sie richtig glücklich,
weil sie die Menschen, denen sie begegnet,
auf die Bühne mitnimmt.

Ihr Leben ist das Gegenteil
von drunter und von drüber.
Ein bisschen täglich grüßt das Murmeltier,
und das halt immer wieder.
Und diese Ruhe macht sie friedlich,
macht sie frei, auch von sich selbst.
Über sie gibt‘s nichts zu schreiben,
im Grunde nicht mal diesen Text.
Sie ist der Inbegriff von kein Problem
und sie hat echt guten Sex,
(was ich hier kurz angemerkt haben wollte, damit
mein Leben nicht so desaströs langweilig klingt).
Sie hat weder Langeweile

noch das Gefühl, was zu verpassen,
denn das Leben, das sie nicht lebt,
kann sie fühlen und in Worte fassen.

Und so steht sie abends auf der Bühne
für die Menschen, über die sie schreibt,
Menschen, deren Leben Chaos ist,
Menschen in Not und Einsamkeit.
Ihre Worte ordnen Chaos
durch Struktur, Rhythmus und Reim,
ihre Texte geben Richtung,
ihre Ruhe wird zum Schrei,
das ist alles, was sie ist,
und mehr kann sie gar nicht geben.
Bühne drunter, Decke drüber
und dazwischen entsteht Leben.

Anmerkung: Während des Schreibens und Auftretens
fand ich diesen Text albern, weil ich auf der Bühne eigent-
lich nicht gerne mein eigenes, eher unspektakuläres Leben
thematisiere. Außerdem hatte ich in zwei Stunden natürlich
nicht genug Zeit, am Versmaß zu feilen und musste beim
Vortrag mit Pausen und taktischen Silbenverschiebungen
arbeiten, damit der Text nicht holpert. Den damaligen Slam
habe ich mit diesem Text zu meiner Überraschung trotzdem
gewonnen. Meine Kolleginnen begründeten den Sieg damit,
dass der Text so persönlich und anrührend geworden sei.
Für mich selbst war der Schreibprozess sehr aufschlussreich,
denn durch ihn wurde mir noch einmal sehr klar, warum
ich eigentlich slamme, warum es mich immer wieder auf die
Bühne zieht und warum meine Texte sind, wie sie sind.

Häute
2019

Ich wurde 1971 in West-Berlin geboren und habe den
Mauerfall erlebt. Meine Eltern sind Kinder des Zwei-
ten Weltkrieges. Meine Großeltern haben während des
Nazi-Regimes schwere Schuld auf sich geladen und
meine Söhne wachsen in einer Zeit des Klimawandels,
des Rechtsrucks und eines Krieges in Europa auf. So
sind wir alle Zeitzeugen, eingebettet in Zeitgeschichte.
In meiner Vorstellung weben wir durch unser tägliches
Handeln mit an einer Art riesiger Haut, die sich über
viele Generationen spannt, eine Art Quilt aus unseren
Erfahrungen und Taten. Auf diesem Bild basiert der fol-
gende Text.

Ein goldgerahmtes Ölgemälde
in hellen Brauntönen gehalten,
trotz Lagerung im Kleiderschrank
noch heil und schön erhalten.
Darauf zu sehen ist eine alte Dame,
ihr Lächeln eher verhalten,
ihr Dutt, der ist adrett gesteckt,
ihr Haar ist akkurat gescheitelt,
sie ist im Biedermeierohrensessel
langsam vor sich hin gealtert,
mit Blick auf Porzellanfiguren,
vitrinenglasgeschützt gestaltet,
die braungefleckten Ader-Hände
bedacht ums Mutterkreuz gefaltet,

ruhen schwer im wohlgenährten Schoß
und vor der Scham der Alten.

Und eines Tages fragt die Enk'lin,
jung und völlig unbedarft,
die Küsschen-Kekse-Kuschel-Oma
das, was man nicht fragen darf:
„Ihr wart doch Nazis, du und Opa,
wurdet ihr denn nicht bestraft?"
Ihr Kopf, der neigt sich, ihr Lächeln schwindet,
ihr Blick fällt auf den braunen Kittel.
Ein kurzes Zögern zeigt, sie überwindet sich:
„Es gibt Wege, weißt du, Frauen-Mittel:
Man macht sich schön, dann geht man hin
und dann …" – am Ende schweigt sie.
Das lange Schweigen zwischen Zeilen
lässt die Enkelin begreifen.
Und aus Schuld und Scham und leisen Zweifeln
webt die alte Nazibraut
ihrer Enkelin die ersten Teile
einer zweiten weißen Haut,
die sie so einengt, dass sie aufreißt,
wenn die Menschheit feige schweigt,
weil aus Angst vor Konsequenzen
keiner sich zu schreien traut.

Und über das, was Oma, Opa taten,
wird bis heute noch geschwiegen,
aber einmal fragt sie ihren Vater:
„Kann man solche Eltern lieben?"

Sie hört kein empörtes Ja
und kein verstörtes Nein,
sondern ein „Ich bin sehr wütend
und werd' es immer sein."

Ihr Vater, heut' schwarz-weiß-Aufnahme
im hippen Glascliprahmen,
spricht immer wieder gebetsmühlenartig
von den Kriegs- und Nachkriegsjahren,
vom Bombenfall in Bunkernächten,
vom Bombenfall an Bunkertagen,
vom Hall der Stockschläge auf Kinderhaut,
Brachial-Gewalt des Patriarchen,
von den Sonntagssuppenmaden
an den harten Hungertagen,
von viel zu vielen off'nen Fragen,
vom Wut-Rausch in den Sechz'ger-Jahren,
von Kommunismus, Demos, Dutschke,
RAF und linken Attentaten.
Und aus Wut- und Kriegsgeschichten
wird ihr die dritte Haut geschnitten,
die brennt aus tausend feinen Schnitten,
wenn Menschen stumm zu Hause sitzen,
während Nazis auf den Straßen
Hitler wieder Grüße schicken.

Und dann kommt sie: ein ausgedrucktes Foto
auf der Pinnwand ihrer Lütten,
näht ihren Söhnen eine weitere Haut
aus eigenen Geschichten:

Sie erzählt von Landesgrenzen,
von Schilling, Gulden, Lira, Mark,
von Mauern und vom Mauerfall
und von dem Tag danach:
auf den Alleen zur Mauer weisend
ein kilometerweites Ticken,
weil Tausende von Menschen
schweigend Hämmer gegen Steine klicken,
damit die Mauer, die sie trennt,
endlich zerfällt zu kleinen Stücken.
Und sie erzählt von nine eleven,
als Flugzeuge die Türme treffen.
Die Türme auf dem Bildschirm brennen,
die Menschen schreien, fallen, rennen
und die Türme stürzen ein,
der Terror trägt ein neues Kleid,
die Angst bricht über uns herein.

So webt sie Gänsehaut für ihre Söhne
aus Trauerkränzen, Mauersteinen,
sodass ihnen eisigkalt wird,
sie laut aufstehen, sich vereinen,
sie sich gemeinsam freitags heiser schreien,
weil die Reichen Klimawandel
weiter in den Wahnsinn treiben
und Politik nicht fähig scheint,
endlich richtig einzugreifen,
weil kilometerlange Zäune
Außengrenzen neu umreißen,
weil Nazis wieder Macht verheißen,

weil Flieger ganz in unsrer Nähe
wieder ihre Bomben schmeißen
auf Tausende von Menschenleben,
weil Menschen auf der Straße wieder Anschläge
auf Juden feiern und gegen sie die Faust erheben.
Wie dick muss die Haut sein,
die wir unsren Kindern weben?
Dieser Raum ist voller Häute,
eine Klangschicht aus Geräuschen,
ein Stumm- und Schutzfilm aus Gerüchen,
lauter unsichtbare Schichten.
Haut, die schützt und wärmt,
die brennt und schmerzt,
die wuchert, wächst und friert,
darauf mit Tausenden von feinen Stichen
all unsre Bilder tätowiert.

Ein Ölbild alter Schuld
in Opas Kleiderschrank,
ein Schwarz-Weiß-Foto des Hungers
im Glasrahmen an Mamas Wand,
ein Farbfoto des Mauerfalls
in deiner eigenen Hand.
Und du, mein Kind,
in welchem Bild wirst du wohl weiterleben?
Du wirst bestimmt als schickes Selfie über deinen
Kindern schweben,
ein Teil der virtuellen Cloud.
Aber welche Haut wirst du ihnen weben?
Welche Haut, mein Kind, welche Haut?

Anmerkung: Normalerweise üben meine Eltern sehr reflektiert und konstruktiv Kritik. Sie sind nach meinem Mann die ersten, denen ich einen neuen Text vortrage. „Häute" hatte ich schon mehrere Monate in meinem Laptop und einige Male performt, bevor ich ihn endlich meiner Mutter vorgetragen habe. Ich wusste, sie würde diesen Text nur schwer akzeptieren und die Dichte der Anschuldigungen, die Wortwahl gegenüber meiner Großmutter schwer ertragen können.

So kam es dann auch. Inzwischen hat sie sich mit dem Text abgefunden, aber sicherlich nicht angefreundet. Er wird insbesondere im Rahmen zahlreicher Gedenkveranstaltungen gebucht. Es ist einer der Texte, dessen Wirkung auf das Publikum ich während des Vortrags am deutlichsten spüre. Ähnlich wie früher beim Söhne-Text und heute beim Töchter-Text breitet sich im Laufe der Performance eine extreme Stille im Raum aus, die mir die Nackenhaare aufstellt.

Rockstars
2019

Der folgende Text ist ein Auftragstext und auf besondere Weise entstanden. Während eines Auftritts an einer berufsbildenden Schule erzählte ich, dass alle meine Slamtexte auf wahren Erlebnissen und Begegnungen beruhen. Noch am selben Tag schrieb mir eine Schülerin aus dem Publikum die folgende Facebook-Nachricht: „Hallo Frau Sperling, ich bin alleinerziehende Mutter. Ich wurde früh in das Leben einer Erwachsenen geworfen, habe viel erlebt und auch viel gekämpft. Vielleicht wäre das ja etwas, worüber Sie schreiben könnten."
Dieser Text ist die Quintessenz unseres mehrstündigen und erstaunlich offenen Gesprächs. Den Titel „Rockstars" hatte die Protagonistin des Textes im Kopf, als sie vergeblich versuchte, ihre Geschichte selbst in Worte zu fassen. Sie hat ihn meinem Text geschenkt.

Ihre Haare hat sie selbst geschnitten
und pink gefärbt bis in die Spitzen,
ein Piercing ziert die Mitte
ihrer schön geschwungenen Lippen,
ihre Mädchen-Knie sind wirklich zierlich
und sie hat so schmale Hüften,
als hätt' die Göttin, die sie formte,
zum filigransten Stück gegriffen.
So sitzt sie, die gar nichts ahnte,
vor dem Stäbchen mit den roten Strichen,
ihre Tränen sickern langsam

in die Badezimmerfliesenritzen
und da draußen tobt die Schwieger-Sippe:
Klopfen, Hämmern, Türenrütteln.
„Mach schon auf, du dummes Flittchen,
sag mal, kannst du nicht verhüten?"
Jawohl, sie kann, und ja, sie hat,
doch das Kondom ist ihm gerissen.
Sie hatte viermal ihre Tage,
also konnte sie's nicht wissen.
Ausschaben kommt nicht mehr in Frage,
und sie hat auch ein Gewissen.
Sie verlässt das Haus des Freundes
unter bissig, kalten Blicken.
Das fühlt sich sehr alleine an
und sie hat ganz schrecklich Schiss,
denn hinter ihrem Glitzergürtel
unter den grazilen Rippen
schlägt ein zweites Herz unmerklich
seine ersten eignen Rhythmen.
Ihre Mutter weint zwei Nächte
um die Jugend ihrer Lütten,
ihre Tochter ist erst sechzehn
und was kommt, wird sie erdrücken.

Das Kind kommt – wie erwartet
steckt das zarte Babyköpfchen
fest im zarten Mädchenbecken,
zu spät für einen Kaiserschnitt.
Ein Herz steht still, das andere bricht,
denn sie spürt Sorgen, sie spürt Panik,

aber Liebe spürt sie nicht.
Dann wird sie zweimal aufgeschlitzt.
Der Junge lebt, reanimiert
die Mädchen-Mama funktioniert:
Wickeln, waschen, anziehen, tragen,
kochen, putzen, Mama fragen,
umziehen, Einkauf, Kinderwagen,
ausziehen, Bettchen, Schreien ertragen,
Schlafentzug beim ersten Zahnen,
selber schuld, ja nicht beklagen,
trösten, halten, lächeln, stillen.
Und die Freunde? – Wollen chillen,
ohne Kind, mit Alk und Pillen,
Mucke aufdrehen, Alltag killen,
während sie von all dem Abschied nimmt,
als viel zu früh erwachsenes Kind,
am Abend Schlaflieder ihm singt,
dann Mandalas malt, darin versinkt,
und jede Nacht damit verbringt,
im Traum die Häme zu ertränken,
die täglich ihr entgegenschlägt:
kaum auszudenken, was sie reden,
wenn ein Kind ein Kind austrägt.

Ein Jahr geschafft, dann kam der Tag,
da nahm der Krankenwagen ihren Sohn,
im Krankenhaus total verkabelt
auf der Kleinkindintensivstation.
So liegt er da, wie angenagelt,
kanülenübersät und stumm,

bisher ging vieles schief mit ihm,
nicht schlimm, denn irgendwie lief es schon,
aber jetzt sieht alles richtig mies aus.
Sie kniet vor ihm, fühlt es schon:
Was sich in ihr angestaut hat,
bahnt sich einen Weg nach oben,
die Gefühle sind so groß
wie ein Monsterwogentoben,
brechen über sie herein,
zum ersten Mal und hemmungslos,
sie packt ihn, hält ihn viel zu fest
und nimmt ihn endlich auf den Schoß.
„Ich werde dir ein Vorbild sein“,
sagt sie, „und lass dich nie mehr los.“

Und in all den nächsten Jahren
macht sie wahr, was sie verspricht.
Sie trinkt nicht, raucht nicht,
schimpft nicht, haut nicht,
und sie lernt ihn so zu lieben,
wie er ihr gegeben ist,
auch wenn er mit fremden Menschen
eher schwer zu nehmen ist:
Er ist wild und wütend, aggressiv
und sprachlich stark zurückgeblieben.
„Kann die Bitch denn nicht erzieh’n?
Na, hätte sie mal abgetrieben!“
Eines Tages sitzt sie auf der Couch,
fühlt sich so furchtbar abgeschieden.
Von den Menschen, die sie trifft,

wird sie zu schnell abgeschrieben.
Plötzlich spürt sie, wie zwei feuchte Händchen
sich in ihre Hände schieben.
„Mama, du bist wunderschön
und du wirst niemals ganz allein sein,
weil ich ja da bin und dich tröste,
wenn du wieder mal so weinst."

Ein bisschen Spucke und enttäuschte Tränen
sind bester Kleber für zwei Scherben.
Sie ist mehr als „eine kleine Bitch, die fickt,
um gleich bestäubt zu werden",
und er weiß, wie sie wirklich tickt,
er ist das beste Kind auf Erden.

Sie sieht mich an, als ich sie frage,
was ich euch sagen soll, und lacht.
„Weißt du, manchmal seh' ich Mütter
über dreißig ohne Kraft
und denk', ich bin nur halb so alt wie ihr
und ich hab es auch geschafft.
Ich möchte flüstern:
Komm schon, Kopf hoch,
wir sind Mütter, wir sind tough!
Leider bin ich viel zu schüchtern,
aber Worte haben Macht.

Dass du auf der Bühne stehst und für mich sprichst,
das macht was,
sag einfach all den Moms da draußen:
Ihr seid alle Rockstars."

Anmerkung: Die größte Schwierigkeit, die mir während des Interviews im Kopf herumschwirrte, war das Heben des Textes auf ein poetisches Niveau. Würde es mir gelingen, diese Mutter so fragil und unverblümt darzustellen, wie sie vor mir auf der Couch saß? Würde es mir gelingen, ihre Geschichte so zu verdichten, dass sie sich in nur wenigen Minuten in ihrer ganzen Tragik und Poesie entfalten kann? Dass sie Menschen so anrührt, wie sie mich angerührt hat? Die Publikumsreaktionen lassen mich glauben, dass das gelungen ist. Noch wichtiger war mir, dass die Protagonistin des Textes sich in ihrer eigenen Geschichte wiederfindet und stolz auf den Text ist. Sie hat ihn als Audio auf ihrem Handy und hört ihn sich immer noch regelmäßig an. Als die Audio mit ihrem alten Handy verloren war, bat sie mich, ihn noch einmal für sie einzusprechen. Das ist nur wenige Monate her und bestätigt mich darin, dass es richtig war, diesen Text zu schreiben und auf die Bühne zu bringen.

Die meisten Slammer*innen arbeiten nach dem Credo, prinzipiell nicht für Menschen die Stimme zu erheben, die für sich selbst sprechen können. Natürlich gibt es einige Slamtexte von Slammerinnen, die selbst sehr früh Mütter wurden. Natürlich ist es letztendlich authentischer, wenn die Menschen auf der Bühne über sich selbst sprechen, obwohl wir gleichzeitig auf die Trennung des lyrischen und des vortragenden Ichs pochen. Gleichzeitig hoffen wir auch aus gesellschaftspolitischen Gründen, dass sich das Publikum selbst mit der literarischen Figur oder der realen Person identifiziert. Wir erhoffen uns

Einfühlungsvermögen, Mitgefühl und im Idealfall ein daraus resultierendes altruistisches Handeln. Insofern ist das Credo, auf der Bühne nicht die Perspektive eines anderen Menschen einzunehmen, fast paradox. Dennoch versuche auch ich mich daran zu halten. Zum Beispiel habe ich den Menschen, die mich gebeten haben, Texte über Homosexualität und Depressionen zu schreiben, geraten, sich mit diesem Wunsch an Slammer*innen mit dem entsprechenden Erfahrungshorizont zu wenden. Zu beiden Themen existieren auch schon wirklich starke Slamtexte.

Louis Goldkind
2020

Kannst du dir vorstellen, wie es ist, die Menschen um dich herum zu hören und zu verstehen, aber dich selbst weder mündlich noch schriftlich noch mittels Gebärdensprache ausdrücken zu können? So geht es Louis seit seiner Geburt. Nach einer Performance von „Rockstars" fragte mich sein Vater, ob ich einen Text über die Sprachlosigkeit seines Sohnes schreiben möchte. Daraufhin haben unsere Familien einen ganz außergewöhnlichen Tag miteinander verbracht, damit Louis und ich uns kennenlernen können. Ich hatte natürlich Sorge, dass ich mich nicht mit Louis verständigen kann und keine Worte für jemanden finde, der selbst keine hat. Mit einfacher Gebärdensprache, sehr viel aufgeweckter Mimik und mit Hilfe eines „Talkers" (eine Art Tablet, das durch das Anklicken von Symbolen Sätze bilden kann) konnte ich in Louis' gefangene Gedankenwelt eintauchen. Nach nur kurzer Zeit war mir klar, dass wir, egal wie wir geboren sind, letztendlich alle ähnliche Bedürfnisse, Ängste, Hoffnungen und Wünsche haben. Wir brauchen eine Familie, die uns auffängt, vertrauensvolle Freundschaften, wir wollen wahrgenommen werden und selbstständig sein.

Reden ist Silber und Schweigen ist Gold,
gilt diese Regel, bin ich ein voller Erfolg,
denn noch nie ist ein Wort
über meine Lippen gerollt,
hätt ich wähl'n können,

hätt’ ich’s aber anders gewollt.
Ich kann damit leben,
es bringt nichts, wenn man schmollt,
aber manchmal möcht’ ich mich wehren
gegen Angst und gegen Groll.
Dann ist mein Lächeln mein Säbel
und mein Herz ist mein Colt.

Im Traum kann ich sprechen,
ich hör’ mich selbst reden.
Mein Kopf will zerbrechen
vor lauter Ideen,
die in mir gefangen sind,
sobald sie in mir entsteh’n.
Nachts träum’ ich voll Freude
von überschäumenden Worten,
von Menschen, die mir zuhören
mit so großen Ohren.
Denn wenn ich wach bin,
dann spür’ ich, wie meine Worte versagen,
und all das Gedachte
bleibt in mir vergraben.
Alle andren um mich rum
reden sich um Kopf und Kragen,
aber manchmal haben andre
so viel weniger zu sagen.
Dann ist mein Talker zu langsam
und meine Stimme zu klein,
dann fehlt mir die Sprache
und dann möchte ich schreien.

Ich hab' ein Playmobil-Haus
mit fünf großen Etagen,
oft sitze ich davor und beginne zu planen:
Alle Menschen, die ich liebe,
haben Platz dort und Namen,
jede Schwester, mein Papa,
meine Mama ein Zimmer,
eine Küche zum Essen,
da reden wir immer,
wir gebärden immer besser,
meine Laute sind Schimmer
von „Ja" und von „Nein"
und von „Ich weiß, es geht schlimmer",
ein großes Sofa zum Wohnen,
für unser Feuer ein Schornstein,
und 'ne Garage für mein Fahrrad
zum Auch-einmal-Vornsein,
ein riesiger Kleiderschrank
für Mamas Kleider und Papas Hemden
und ein kleiner Geheimgang
für mich, den Agenten.

Ich möchte Schauspieler werden,
genau wie Jace Norman,
dann könnte ich fliegen – wow –
ich entspräche der Norm
eines Helden, der schreien kann
und der alles weiß,
ich hätte Feuer zum Kämpfen
und 'nen Schutzwall aus Eis,

ich hätt' 'ne Fanbase und 'nen Traumjob
und Worte statt Zeichen,
und dürfte ich wählen,
würde Letzteres reichen.

Ich mach' mir aufrichtig Sorgen,
was soll aus mir werden?
Der YouTuber von morgen,
der lehrt zu gebärden?
Als meine Schwester noch ein Baby war,
hielt ich sie im Arm.
Sie wird täglich ein wenig größer,
wann bin *ich* endlich dran?
Und findet ein Junge wie ich eine Frau?
Mein bester Freund sagt, das wird schon,
die schönste Farbe ist blau.

Mein bester Freund kann nicht hören
und ich kann nicht sprechen.
Wir sind ein einfaches Puzzle,
ein perfektes Match, denn
ich höre für ihn und er spricht für mich
und dass wir beide so krank sind,
das stört uns einfach nicht.
Wir spielen Gute und Böse
und Räuber und Gendarm,
unsre Freundschaft ist so schön,
ich brauch' kein'n linken Arm.

Und bald bin ich sechzehn,
dann passiert was Verrücktes:
Wir fahr'n allein mit dem Bus
zu Papas Arbeit und zurück.
Es wird wahnsinnig gut sein,
so gut wie's nur sein kann,
weil ich all diese Dinge bald endlich allein kann.

Und einmal, da war ich sehr mutig,
ein Großer tat einem Kleinen nichts Gutes,
ich hab's gesehen und den Kleinen verteidigt,
hab der Lehrerin gesagt, dass der Große gemein ist.
Ich hatte seine Faust so nah vorm Gesicht:
„Ich hau dir aufs Maul, du sprachloser Wicht!"
Mein Herz hat gerast, ich dacht', es zerbricht,
seitdem weiß ich genau, Henry Danger, das bin ich,
ich kann zwar nur Laute, aber feige bin ich nicht.

Meine Eltern sind cool, aber sie sorgen sich zu viel.
Ich kann doch einarmig schwimmen
und ich weiß doch, was ich will.
Ich weiß doch, dass die Filme
im Fernsehen nicht echt sind,
ich weiß doch, dass Menschen
im echten Leben nicht schlecht sind.
Ich hab' Henry Danger in mir
und ich kann zwar nicht sprechen,
aber zur Not mach' ich Witze,
die ganze Eisberge brechen.
Ich mag Fußball und Nutella,

gebe die Ghettofaust zum Gruß
und mit dem Fahrrad bin ich schneller
als du nur zu Fuß.
Ich mach' nicht immer alles richtig,
aber der Versuch ist ja wichtig,
und wenn du mich fragst,
ich bin immer glücklich.
Ich will, dass du mich magst,
weil du weißt, ich bin gut,
weil du weißt, ich bin da,
wenn du schreist, ich hab Mut.
Mein Lächeln ist mein Säbel
und mein Herz ist mein Colt.

Reden ist Silber und Schweigen ist Gold
oder Reden können ist Silber
und Schreien können ist Gold
also redet, wenn ihr könnt
und schreit, wenn ihr wollt.
Oder Träumen können ist Silber
und Leben können ist Gold.
Also hört nicht auf zu träumen
und lebt, wie ihr wollt,
denn letztendlich gibt's nur eine Regel
und die lautet wie folgt:
Egal, wer du bist,
du bist ein voller Erfolg.

Anmerkung: Mit Louis' Familie stehe ich immer noch in Kontakt. Den Text habe ich direkt nach dem Treffen geschrieben. Nach der Begegnung war ich sehr überrascht, denn mir war völlig klar, was und wie ich über Louis schreiben werde. Noch am selben Abend habe ich Louis' Eltern die erste Fassung geschickt und sie waren genauso perplex wie ich. Dann haben wir noch einzelne Formulierungen diskutiert, verändert und wieder verworfen. In der vorliegenden Fassung hat jedes einzelne Wort das Einverständnis von Louis' Familie, denn es war uns allen wichtig, dass der Protagonist Louis so genau wie möglich widerspiegelt wird. Der Text wurde im Rahmen eines Crowdfunding-Projekts mit Louis in der Hauptrolle als Videoclip von MAG Motion verfilmt, du kannst ihn dir auf YouTube ansehen!

Argumentationsstrangulation
2019

Seit dem Beginn der Fridays for Future-Bewegung rollt in den sozialen Netzwerken eine Lawine der Häme über unsere engagierten und idealistischen Jugendlichen hinweg. Sie werden auf Schule schwänzende, mit Plastikmüll um sich werfende Fastfoodjunkies reduziert, die sich von einem autistischen Gartenzwerg mit Zöpfen anführen lassen. Es sind, wie ich festgestellt habe, vier Gruppen von Erwachsenen, die dies offensichtlich bitter nötig haben: 1. Die Kapitalist*innen, die Angst haben, dass ihnen eine säuberlich gezüchtete Marktgruppe wegfällt. 2. Die überzeugten Konsument*innen, die Angst haben, dass die Jugendlichen tatsächlich etwas bewirken könnten und wir uns alle ein wenig einschränken müssen. 3. Die Rechten, die ja ohnehin der Meinung sind, Klimawandel sei nicht menschengemacht. 4. Nachkriegskinder, die uns nun vorhalten, „damals" noch jede einzelne Socke gestopft und das Wasser aus dem Brunnen geholt zu haben. Und das – bei allem Respekt und allem Mitgefühl – war kein Umweltbewusstsein, sondern Armut. Ich habe einige an Hetze, Heuchelei und Absurdität kaum zu überbietenden Argumente, die im Netz kursieren, im folgenden Text mal zusammengestellt:

Wir haben sie erbaut,
all die pompösen Fastfoodketten,
als Mahnmal für die Adipösen,
mit überzeugenden Konzepten!
Jede Mahlzeit ist ein Schmaus

aus Ersatzstoffen und Fetten,
jeder Kaffee kommt im Plastikbecher,
der Salat genetisch aufgebessert,
jede Fritte pestizidgetränkt,
neben der Ammoniak-Boulette,
die man heute Rindfleisch nennt.
Und mit unbezahlten Überstunden
für das gesamte Personal,
zeigen wir: Hier wird geschunden
für das verdammte Kapital.
Und unsere Jugend, ja, was macht die?
Die geht hin und kauft den Fraß.
Nur weil wir den Fraß bereitstellen,
heißt das nicht, dass man das darf.

Wir haben keinen Junk gegessen,
damals als wir Kinder waren.
Wir aßen ständig vegetarisch,
bis auf die Sonntagssuppenmaden.
Und nur einmal in der Woche
durften alle Kinder baden.
Na, das war eine braune Brühe,
wenn die letzten fertig war'n.
Davon träumt der Nazi heut' noch
in der U-Bahn nach Marzahn.

Jedes Sockenloch wurde gestopft,
jeder Knopf neu angenäht,
jedem Wachs ein neuer Docht,
jeder Furz nochmal gebläht.

Wir haben alles repariert,
jeden Bombensplitter bandagiert,
wir sind doch nicht zum Arzt marschiert,
sondern nach Russland invadiert.
Müll? Haben *wir* nie produziert:
Wir haben Trümmerfrauen engagiert,
die haben den Bauschutt aufpoliert.
Du Zwerg mit deiner Jutetasche,
der du es dir wohl *nie* beibringst,
die höchste Form des *Recyclings*
sind Häuser nur aus Schutt und Asche.

Und Kinderarbeit ist gar grausam,
och, sie ist uns so verhasst,
doch was tun, wenn kein Erwachsener
in den Minenschacht reinpasst?
Wir schicken Kinder in die Minen,
um frischen Kobalt uns zu schürfen,
obwohl wir Kinder wirklich lieben,
auch die, die nicht zur Schule dürfen.
Sie dürfen höheren Zielen dienen,
wie unsre Kinder zu erziehen.

„Sag mal, Kindchen, willst du als Au-pair in die Kon-
go-Kobalt-Mine oder räumst du dein Geschirr jetzt
einfach in die Spülmaschine?“
So kriecht dir noch der letzte adipöse Fortnite-Spieler
mit dem Teller in die Küche.
Aber da steh' ich schon
mit seinem Smartphone!

Hast du denn gar kein heart, mein Sohn?
Du weißt, dass dafür Kinder sterben.
Dann kauf doch nicht, was wir bewerben!

Und jetzt kommt der Klima-Gipfel:
Siehst du der Bäume wankend Wipfel?
Siehst du des Himmels blaue Zier?
Seit Jahrhunderten versuchen wir,
uns in die Lüfte zu erheben,
und was haben wir gegeben?
Ganz viel Blech und Menschenleben!
Für Bumsbomber nach Asien
und die SS-Kampfmaschinen,
all die Charter-Linienflüge
eröffneten uns Paradiese!
Und was machen unsre Blagen,
wenn wir den nächsten Urlaub planen,
den Traumurlaub all inclusive?
Die fliegen mit!
Die scheißen einfach auf die ganzen Kerosine!
Um andre Länder kenn'n zu lernen?
Amerika? *Dit ham wa* gern,
hätten *die* uns nicht besiegt,
dann wäre Deutschland über alles,
dann gäb's auch keinen Klimawandel,
denn Klima wandelt nicht, das lügt.

Und Greta, die Autismus-Bitch?
Malt ein Plakat, schwänzt Unterricht,
Amerika per Segeltrip,

ihre Eltern, die bereichern sich.
Und was machen *unsre* Kids?
Die gehen freitags auf den Marktplatz
und schreien was von Klimawandel.
Ja, wenn du unser Zeug nicht magst, Schatz,
na, was wird dann aus dem Handel?

Hört endlich auf, zu demonstrieren,
kauft einfach, was wir produzieren,
denn wir stopfen euch das Maul
und wir bleiben ignorant.
Wir stopfen Socken, unsre Taschen,
und den Arsch der Weihnachtsgans
mit einem Plastikapfel nur für euch.
Stopfen alles, was noch kreucht und fleucht.
Wir stopfen sogar das Ozonloch,
die Trockenheit, die alte Tussi,
mit der ihr hier die Massen scheucht.
Just grab the Erde by her pussy,
dann wird sie ganz schnell wieder feucht.

Niemand stopft euch das Ozonloch,
und niemand stoppt das Treibhausgas.
Wir sind vor Langem schon gescheitert,
wir werden sterben, ihr lebt weiter.
Nehmt euch gerne jeden Freitag,
hört nie auf die, die denunzieren,
hört niemals auf zu demonstrieren,
bis die, die dafür Geld kassieren,
endlich die Lösung präsentieren.

Beginnt zu forschen, zu probieren,
kauft nicht mehr, was wir produzieren,
und ja, beginnt, zu reparieren.
Denn der wahre Luxus eurer Zeit,
ist nicht Konsum im Überfluss
sondern der Konsumverzicht,
es ist die Freiheit, zu entscheiden,
das meiste einfach nicht zu brauchen,
obwohl es alles für uns gibt.

Anmerkung: Diesen Text habe ich aus Wut über die Ignoranz, Arroganz und Dummheit der Menschen geschrieben, die sich in den sozialen Medien tummeln und erstaunlich viel Zeit und Energie dafür aufwenden, junge Menschen mit hohen Zielen zu desillusionieren. Schreiben ist ein grandioser Katalysator von Wut und auf Bühnen dürfen wir so schön unbeherrscht sein. Es macht deshalb großen Spaß, diesen Text zu performen, und er kommt sehr gut an. Allerdings beim erwachsenen Publikum, Jugendliche sind von dem Thema eher genervt. Die Fridays for Future-Bewegung ist groß, meiner Meinung nach zurecht laut und wichtig, aber ihre Anhänger*innen sind verhältnismäßig gesehen leider eine Minderheit, deren Durchhaltevermögen ich umso mehr bewundere.

Mahnmal
2020

Die Idee zu diesem Gedicht entstand in einer Schreibsitzung mit meinem Poetry Slam-Partner Sebastian Hahn. Als Team „Unterricht mit Psychos" (Sebastian ist Psychologe, ich bin Lehrerin) haben wir uns mit dem Text „Literaturgeschichte für Literaturgefickte" einmal durch die Literaturgeschichte gearbeitet. Im Gegensatz zum gemeinsamen Text, den du dir auf YouTube ansehen kannst, liegt der Schwerpunkt in meinem Solotext ausschließlich auf den Dichter*innen, die durch ihr Schreiben Leben und Freiheit riskierten. Für die Erschließung des Textes braucht man literarisches Grundwissen.

Vor zweitausend Jahren
schrieb Äsop, der Sklave,
schon zahlreiche Fabeln.
Er enttarnte die Wahrheit:
Die Welt folgt den Starken.
Will der Wolf das Lamm fressen,
dann findet er Gründe:
„Es trübt mein Gewässer,
das üble Gesindel,
es will mir nur Böses!
Ich will es nicht fressen,
nur strafen für Schwindel,
Gewalt ist die Lösung!"
Das Lamm ist die Beute.
Das kenn'n wir bis heute.

Und Äsop, der kritische Sklave,
versteckt die politische Klage
hinter sprechenden Wölfen und Schafen.
Doch wird Äsop, der wagte,
trotz aller Gefahren
die Wahrheit zu sagen
in brenzliger Lage,
- so entscheiden die Großen -
vom höchsten Fels in den Tod gestoßen.

18. Jahrhundert
Goethe und Schiller: noch immer bewundert,
doch wer kennt noch Schubarts kritisches Mundwerk?
Einen kleinen Exkurs, nur eine Geschichtsstunde wert.
Wer Hofstaat und Klerus nicht richtig verehrt,
dem verwehrt man das Dichten als Broterwerb,
der wird bei Schreibverbot zehn Jahre weggesperrt.
Gefällig muss schreiben, wer Lob begehrt.

1834 verfasst Georg Büchner ein Pamphlet,
Der Dichter prangert an, was im Staate nicht geht.
Frieden den Hütten, Krieg den Palästen,
Bauern leben wie Vieh und Fürsten sind Huren.
Er wird gefangen und gefoltert von den sauberen Westen,
sie bringen ihn um und verwischen die Spuren.

1933, Machtergreifung,
die Dichter fliehen ins Exil,
und jedes verbrannte Buch
ist ein verbranntes Buch zu viel.

„Und wenn sie mich erschlügen.
Sich fügen, heißt lügen.",
die berühmten Verse des Dichters Erich Mühsam,
ein dichtender Held in einer Welt, so gefühlsarm,
der mit zügellosem Stift die Fesseln sprengt.
Er wird verprügelt, vergiftet und im KZ erhängt,
denn wir leben Celans Todesfuge,
das ganze Land trinkt schwarze Milch.
Lager, Krieg und Massenmorde
und dann versiegen uns die Worte.
Mit exakt 100 Wörtern macht Eich Inventur,
was ist uns geblieben?
Die alte Bleistiftmine nur.
Für das, was wir am meisten lieben.

1961 bis Mauerfall,
Stasispitzel überall,
doch hinter Mauern, Gittern und verschlossenen
Türen,
schreiben Reiner Kunert und Wolf Biermann,
demonstrieren, dass ein Gedicht rebellieren kann,
einen Stasi-Hund demaskieren kann,
und den Untergrund inspirieren kann:
„Ich kann nur das lieben,
was ich die Freiheit habe,
auch zu verlassen.
Dieses Land./Diese Stadt.
Diese Frau./Dieses Leben."
Hinter hohen Mauern
wird es immer wahre Dichter geben.

Iran 2014
„Im Schatten der Galgen schweigen wir nicht,
vor den Henkern zeigen wir keine Furcht",
sagt Hashem Shaabani in einem Gedicht
und wird Opfer der Diktatur.
„Zu einer Waffe griff ich nie, aber zu meiner Feder",
schrieb der „Konspirative" in seinem letzten Kassiber.
Der Verfolgte wird zur Inspiration.
Es folgen Gefangenschaft, Folter und Exekution.
Wie viele gefangene Denker
wurden für Worte gehangen vom Henker,
für das Verlangen die Knechtschaft
mit Texten zu brechen,
für den Drang frei zu denken
und das Recht frei zu sprechen?
Wir wiegen uns in Sicherheit,
doch nicht alle sind sicher,
auf allen Kontinenten
sitzen Dichter*innen hinter Gittern.

Stella Nyanzi, Autorin und Frauenrechtlerin, Uganda,
Xu Lin, Liederschreiber und Autor, Guangschu, China,
„Ich werde die Welt nie wieder sehen", schreibt Ah-
met Altan aus seiner Gefängniszelle in der Türkei,
aber wir sehen dich, Altan, und deine Worte sind frei.

Keine Akte, kein Gefängnis,
keine Drohung mit dem Tod,
Kein Feuer, keine Folter,
keine Verbannung, kein Verbot,

kein Exil, kein Schießbefehl,
weder Schwert noch Galgen
bringt die Wahrheit je zum Schweigen.
Denn im Schatten der Galgen schweigen wir nicht,
Angst vor den Henkern zeigen wir nicht,
zu Gewalt und Waffen greifen wir nicht.
Wir kämpfen mit versteckten Bleistiftminen,
mit Silbensalven und Bilderschmieden,
unsere Worte fallen in täglichen Kriegen.
Ein rest in peace für all die Dichter,
die regimefeindliche Verse schrieben.
Ihr seid uns Vorbild, seid uns Mahnmal,
die Wahrheit lässt sich nicht verbiegen.
Und für euch Wölfe von uns Schafen:
Wir lassen uns nicht unterkriegen.
Wir lassen nachts die Ratten schlafen,
die Kaninchen werden siegen.

Anmerkung: Zwei Passagen überschneiden sich vollständig mit unserem Teamtext. Ich bedanke mich an dieser Stelle herzlich bei Sebastian Hahn für die tolle Zusammenarbeit. Sebastian ist zwar bekannt für seine witzigen Prosatexte und könnte inhaltlich, sprachlich und performativ nicht weiter von mir entfernt sein, wir haben jedoch beim Schreiben eine sehr ähnliche Herangehens- und Arbeitsweise, was die Zusammenarbeit einfach und gleichzeitig sehr ergiebig gemacht hat. Gemeinsam haben wir mit unserem Text „Literaturgeschichte für Literaturgefickte" die deutschsprachigen Meisterschaften 2020 gewonnen – ein ganz besonderer Moment, ein ganz besonderer Titel.

Hand
2020

Das folgende Gedicht ist in der Corona-Zeit entstanden. Es fühlte sich für die meisten Slampoet*innen damals ziemlich sinnlos an, neue Texte zu schreiben, weil niemand wusste, ob und wann wir wieder auf die Bühne dürfen. In dieser Zeit habe ich drei kürzere Gedichte geschrieben, die dem Slamduktus treu bleiben, aber eher für besinnliche Stunden allein zuhause und nicht wirklich für die Bühne gedacht sind. In Amerika beträgt das Zeitlimit für Slamtexte im Wettbewerb übrigens nur ein bis vier Minuten.

Ich bin Vielfalt,
Heilung,
Sprache und Zahl,
Ich bin Kunst,
ich bin Waffe
und ich bin Ruhe.

Ich habe die für dich berührt, die es brauchten,
und diejenigen, die sich danach sehnten,
aber hoffentlich niemals auch nur einen,
der nicht berührt werden wollte.
Ich habe vorsichtig für dich erfühlt
und stürmisch erkundet.
Ich ertaste, ergreife, erfasse und begreife.
Ich habe verletzt, Wunden versorgt
und wieder verwundet.

Ich habe für dich geliebt, geschlagen und getröstet,
für dich gedient, getragen und getötet.
Ich habe dich oft selbst umschlungen
und es war kein Gefühl der Liebe,
sondern das, zu klein zu sein.
Ich habe andere für dich gehalten
und Bücher voll Seiten,
und zu manchen Zeiten
schien es dir sinnvoller, allein zu sein.
Ich habe gemalt, gezeichnet und geschrieben,
und manches davon ist geblieben.
Ich habe gegraben, gepflanzt,
gesät und Ernte eingebracht.
Ich hab für dich getont, genäht, genährt und erbaut.
Du bist Mann und du bist gleichzeitig Frau.
Ich bin deine unerschöpfliche Schöpferkraft.

Ich habe Wasser geschöpft und Erde berührt,
Beton, Stein, Samen, Sand, Samt, Wand, Mauer,
Baum, Haut, Haar, Leben, Exkremente, Blut, Zun-
ge, Blatt, eine Feder, einen toten Vogel, eine bunte
Murmel, Muttermilch, Wind, Moos.

Ich bin in deinem Schoß versunken
und in andrer Menschen Schoß.
Ich habe gegrüßt, gedankt
und zum Abschied gewunken.
Du hast mich über das Feuer gehalten
und mit dem Feuer gespielt.
Ich habe oft für dich geblutet

und bin immer wieder geheilt.
Ich habe oft für dich auf andere gezeigt.
Ich habe mich für dich beschmutzt
und wasche mich immer wieder rein.
Ich habe schlafende Kinder zugedeckt.
Ich trage einen Ring.

Und eines Tages
werde ich einem Menschen die Augen schließen.
Und eines Tages
werde ich auf deiner Brust gefaltet.
Ich bin deine Adern, deine Falten, dein Altern,
meine Hornhaut ist dein Schutz,
meine Bewegung ist deine Sprache und deine Tat.

Ich habe mich für dich
verzweifelt zum Gebet gefaltet
und wütend zur Faust geballt,
habe geklatscht in deinem Freudentaumel,
deine Augen bedeckt in traurigen Stunden,
mich gekratzt und geknetet aus deiner Angst
vor dem, was kommt.
Ich habe mich schützend vor dein Gesicht gehalten,
ich bin dein Siegeszeichen,
ich besiegle deine Verträge.
Bin deine Habgier, deine Großmut,
deine Wollust und deine Demut.
Ich berge deinen Charakter,
meine Linien sind deine Zukunft.

Und wäre das nicht dein erstes Leben,
hätt' ich in den letzten für dich
gedient, gesündigt und regiert,
gemordet, geplündert und rebelliert,
gekämpft und mich für dich ergeben.
Und wär' das nicht dein letztes Leben,
würd' ich dich in deinem nächsten
im Gyan-Mudra mit ins Nirvana nehmen.
Und wäre dies dein einziges Leben,
so hättest du am Ende handelnd erkannt:
Du hast ein Herz, du hast Rückgrat
und du hast deinen Verstand,
aber ich bin all das,
ich bin du,
ich bin deine Hand.

Anmerkung: Ein Schüler fragte mich, nachdem er diesen Text auf YouTube gehört hatte, wen ich umgebracht hätte. Das Gedicht ist von buddhistischen und hinduistischen Gedanken inspiriert, auch das Töten von Insekten gilt in diesen Religionen als Tötung. Manche mögen den Gedanken albern finden, ich finde ihn schön, auch wenn ich im Sommer sehr viele Mücken zerklatsche.

Post-Corona-Liebesschwur
2021

Ich weiß, ich weiß. Wir sind des Themas müde, aber ich wollte diesen Text gerne in die Sammlung aufnehmen. Das Sammelsurium an Corona-Texten ist Zeitzeug*innenkunst und wird eine geschichtliche Quelle für spätere Generationen sein. All diese Texte werden zeigen, wie sich die Pandemie damals auf unseren Alltag, unsere Psyche, unsere Einstellung ausgewirkt hat. Sie werden dafür sorgen, dass wir nicht zu schnell vergessen, wie das war. Noch ist es lästig, an diese Zeit zurückzudenken, aber eines Tages werden wir diese Texte auskramen, seufzen, uns erinnern, denen davon erzählen, die Corona nicht miterlebt haben, und ihnen solche Texte unter die Nase halten, damit sie verstehen, wie wir uns gefühlt haben.

Während der Ausgangssperre habe ich zu meiner eigenen Überraschung meine Freund*innen körperlich vermisst, obwohl ich mich nicht für einen sonderlich körperlichen, sondern eher verkopften Menschen halte. Die Ausgangssperre und das Verbot mehr als einen Menschen zu treffen, der nicht zum eigenen Haushalt gehört, haben mir in dieser Zeit neben der Trauer um die Verstorbenen am meisten zugesetzt.

Ich wollte dir nur sagen,
ich hab mich arrangiert.
Wir sind jetzt halt zu Hause
und warten, was passiert.

Es ist ja schon ganz schön,
dass mein Zuhause mal geputzt ist.
Es gibt jetzt keine Ecke mehr,
die irgendwie verschmutzt ist,

denn es sind schwierige Zeiten
für menschliche Lungen.
Ich hab mit vielen Kleinigkeiten
meine Grenzen überwunden.

Ich hab' ganz viel geschlafen,
meinen Tagesrhythmus neu erfunden,
hab' mein Herz grad in Italien
auf Balkons wiedergefunden.

Und an regnerischen Tagen
helfen mir die Online-Yoga-Stunden,
mich mal weniger zu fragen
und mein Inn'res zu erkunden.
Verflucht – was hab ich mich geschunden.

Ich hab' Online-Lesungen besucht
und Live-Konzerte mitgesungen,
hab' mit den besten Sportapps
meinen Schweinehund bezwungen.

Ich war so viel am Telefon,
wie lang nicht mehr in meinem Leben.
Habe alle meine Daten
an Zoom und Houseparty gegeben.

Ich habe stundenlang mit dir gechattet,
so als würde es kein Morgen geben.
Wie gut, dass wir so gut vernetzt sind,
so können wir uns Sorgen nehmen.

Und trotzdem wollte ich dir sagen,
mir fehlt da was zum Atmen,
was mich wirklich grade fertig macht,
ist, dass wir uns nicht nah sind.

Ich habe nicht gewusst,
dass Zärtlichkeit so wichtig ist,
auch wenn sie zwischen uns
meistens nur sehr flüchtig ist.

Der kleine Luftzug, wenn du lachst,
weil irgendetwas witzig ist,
ein kleiner Knuffer in die Seite,
der eigentlich so nichtig ist,

das Streicheln unsrer Hände,
wenn die Welt uns zu vielschichtig ist.
Und wie du dich leicht wegdrehst,
wenn irgendwas nicht richtig ist.

Ein kleiner Drücker zwischendurch,
der dir zeigt, dass du mir wichtig bist,
ein Küsschen ins Gesicht meint:
Wenn du weg bist, dann vermiss' ich dich.

Darum leiste ich dir feierlich
den Post-Corona-Liebesschwur.
Ich schwöre ihn und küsse dich
platonisch hinters linke Ohr:

Wenn es uns gelungen ist,
das Virus zu besiegen,
dann wirst du eng umschlungen,
als Zeichen meiner Liebe.

Dann drücke ich dich so lang,
bis lachend dir die Luft ausgeht,
dann schnupper' ich dich ab,
bis dir dein ganzer Duft ausgeht,

dann lade ich dich nicht mehr
in die virtuelle Cloud ein,
sondern knuddle mich mit dir
so richtig auf der Couch ein.

Wir müssen gar nicht reden,
es muss nur ein bisschen Haut sein.
Und wir feiern unsre Freundschaft,
das muss auch gar nicht laut sein.

Wir atmen einfach ganz tief ein,
so als wenn es gar kein Morgen gäbe,
denn was ich jetzt verstanden hab:
zum Atmen brauch ich deine Nähe.

Ich weiß es einfach nicht
2021

Mein Vater war überzeugter Atheist und hat uns streng atheistisch erzogen. Kirchen wurden aufgrund der von ihren Anhänger*innen vollbrachten Gräueltaten verpönt, Gottesgläubige als naiv dargestellt. Es galt, das Leben ohne eine Hoffnung auf ein paradiesisches Jenseits und einen helfenden, schützenden Gott zu bestreiten. Im Rahmen einer vollumfänglichen humanistischen Bildung sollte ich jedoch die gesamten dreizehn Schuljahre am Religionsunterricht teilnehmen. An meiner Berliner Grundschule wurde für die wenigen Getauften in der Stufe evangelische Religionslehre angeboten. Nach unserem Umzug nach Passau stand ich in der Klassentür meiner fünften Klasse vor der ersten Religionsstunde und überlegte, ob ich nicht einfach bei meiner neuen Freundin im katholischen Unterricht bleiben sollte, doch der evangelische Religionslehrer zog mich am Ärmel aus dem Klassenraum in seinen Unterricht. Es folgte ein neun Jahre langer Diskurs zwischen meinem Vater und meinem Religionslehrer, der uns immer wieder mit ziemlich steilen religiösen Thesen konfrontierte, die ich nachmittags zu Hause „ausrichtete". In der nächsten Stunde teilte ich meinem Lehrer dann die wütende Antwort meines Vaters mit. Seitdem bin ich auf der Suche.

Ich habe nicht gelernt zu beten
und ich wüsste nicht, zu wem.
Ich hab gelernt, mir selbst zu helfen,
dass andre Menschen zu mir stehen,

Verluste zu bekämpfen
und Niederlagen hinzunehmen.
Ich bin in keine Religion geboren
und in keiner Religion erzogen,
fühl mich in keiner Religion geborgen
und zu keiner wirklich hingezogen.

Ich weiß, nicht jeder, der sich religiös nennt,
handelt deshalb rechtens.
Ich weiß auch, dass mein Handeln
nicht per se als Nicht-Christ schlecht ist,
denn auch wenn ich niemals bete,
gebe ich als Mensch mein Bestes.
Ich versuche allen Menschen
respektvoll zu begegnen,
jeden Mensch, der mir begegnet,
erstmal positiv zu sehen.
Ich befolge, wenn mir möglich,
die Gebote vier bis zehn,
auch wenn es mir bei acht und zehn
doch manchmal ziemlich schwerfällt,
denn Menschen könn' echt fies sein
und manche haben mehr Geld.

Ach, gäbe es irgendeine Kraft,
die mich tröstet, liebt und leitet,
eine Kraft, die nicht aus mir kommt,
sondern größer ist als meine.
Ich bewundre jeden, der sie glaubt zu haben,
ich bin fast ein bisschen neidisch,

denn ich würd' auch gern daran glauben,
dass eine Größe existiert,
die größer ist als unser Leid
und jeden aus dem Dunklen führt,
die immer darauf aufpasst,
dass meinen Kindern nichts passiert,
die einsieht, wer ich wirklich bin,
und immer mein Bemühen spürt.

Ich möchte gerne glauben,
dass nach dem Tod kein Ende ist,
dass du Mensch, den ich so liebe,
danach in guten Händen bist.
Ich bin kein Atheist,
ich weiß es halt nur nicht.
Ich würde wirklich gerne glauben,
ich glaube aber nicht.
Es fällt mir schwer zu glauben,
weil hier zu viel Leid passiert,
weil die Menschheit seit Jahrhunderten
für Religionen Kriege führt.
Meine Bewunderung gilt jedem,
der trotzdem diese Liebe spürt,
der aufrichtig zum Allgemeinwohl
seinen Glauben praktiziert.

Ich bewundre alle Menschen,
die teilend für die Ärmsten ringen,
die mit ihrem festen Glauben
zu den Verzweifelten durchdringen,

die den Zeilen ihrer Schriften folgend
Frieden unter Menschen bringen,
die immer ruhig Probleme lösen,
denn meine Wut ist oft zu groß,
die selbstlos Nächstenliebe leben,
und Handeln auch in größter Not.
Ich muss nur in den Spiegel sehn könn'n,
mich richtet niemand nach dem Tod.

Darum wünsche ich den Menschen,
die ihren Glauben friedlich leben,
die auch jene respektieren,
die die Welt mit andren Augen sehen,
ein erfülltes religiöses Leben,
Gespräch, Gebet und Fest
und dass ihr Menschen,
die nicht beten können,
beim Beten nicht vergesst.

Anmerkung: „Ich weiß es einfach nicht" habe ich auf einigen Kirchenveranstaltungen vorgetragen und ein befreundeter Pfarrer sagte zu mir, der Text sei die maximale Annäherung einer Agnostikerin an Gläubige. Das fand ich sehr schön.

Wölfe
2021

In meiner Schulzeit hatten wir einen Außenseiter in der Klasse, den wir neun Jahre lang traktierten. Ich war eine typische Mitläuferin und habe diesen Jungen weder aktiv angegriffen noch mich schützend vor ihn gestellt. Meistens habe ich einfach mitgelacht. Bis heute plagt mich das schlechte Gewissen. Inzwischen bin ich Lehrerin und stelle fest, dass es in jeder Klasse noch immer Außenseiter*innentum gibt, das wir einfach nicht in den Griff bekommen. Viele leiden und einige wenige möchten gar keinen Kontakt zur Klasse und sind Einzelgänger*innen, die gerne ihre Ruhe haben. In einem Zeitungsbericht habe ich gelesen, dass Wölfe eigentlich sehr familiär und gleichberechtigt zusammenleben. Nur wenn man sie in Zwangsgemeinschaften steckt, also in ausweglose Gehege, dann entwickeln Wölfe die strengen Hierarchien, für die wir sie glauben zu kennen. Klassen sind solche Zwangsgemeinschaften. Der erste Teil des folgenden Textes behandelt meine Erinnerungen aus meiner eigenen Schulzeit, der zweite Teil meine Beobachtungen als Lehrerin.

Völlig harmlos kauert F. vorne in der ersten Bank.
Das Rudel wartet lauernd schon,
nimmt Witterung auf, denn F. ist krank.
Es greift survival of the fittest
– unserem Ur-Instinkt sei Dank.
Das heißt, der wirklich heiße Shit ist,
wir ham das schwächste Kind erkannt!

Dieser rothaarige Nerd
mit Brillengläsern wie Melonen,
der Flokati-Haarschnitt so gestört,
weckt erste Aggressionen.
Und an F.s Ohr prangen Hörgeräte
von der Größe zweier Messstationen,
hautfarben wie Omas Schlüpfer,
mit Kabeln dick wie Gartenschläuche,
der optische Verhüpfer,
ist technisch leider auch die Seuche.
Will F. es wirklich laut haben,
sind die Teile eher schwach.
Wenn *ein* Kind spricht, dann hört F. noch,
sprechen alle, hört er Krach.
„Drum sitzt F. vorne ganz für sich,
und weh, wenn einer lacht!",
sagt der Lehrer in Erklärungspflicht,
pädagogisch voll durchdacht.
Mehr sagt er nicht neun Jahre lang,
und dann beginnt die Schlacht:

Die Nachkriegs-Pädagogen
vermitteln Stoff mit schroffer Strenge,
doch wenn der Leitwolf endlich weg ist,
spreng'n die Welpen diese Enge,
dann wird zurechtgebogen,
unterjocht, gezügelt, sich gefügt,
dann wird sich mit gebleckten Zähnen
in der Hierarchie vergnügt.

F. ist weird, so viel ist klar,
wer andres sagt, der lügt,
doch F. tut niemand was zu leide,
alles, was er will, ist, hören.
Der Abwurf mit der Tafelkreide
scheint ihn nicht zu stören.
Das fiese Gehänsel und Gejage,
das ständige Herumgenage,
biestiges Gelächter im Wechsel zwischen Stunden,
lässt er über sich ergehen,
seltsam lächelnd und ergeben,
nur manchmal flieht er vor der Meute,
dann ist er einfach kurz verschwunden.
Und niemand in dem ganzen Pack
wird jemals so sehr leiden,
denn wir haben, what the fuck,
zum Ärgern diesen einen!

Auf Klassenfesten hetzen wir,
denn F.s Eltern sind halt Trolle.
Wir grienen mit den Lefzen,
diese rothaarige Tolle,
das ranzige Outfit aus den Sechz'gern,
der ganze Auftritt ist entsetzlich,
dieses weggeduckte Lächeln,
und sie wollen mit keinem sprechen
und wir auch nicht mit denen,
die Weirdness liegt ja in den Genen.

Und ja, es gibt die Situationen,
die den Mob mal milde stimmen.
Hier nur eine Anekdote,
eine von so vielen schlimmen:
F. wehrt sich gegen eine Note:
„Mit null Fehlern eine Zwei?“
F. beschwert sich schamesrot,
ob das vielleicht ein Fehler sei?
Der Lehrer, Typ Latein-Tyrann,
wirkt sichtlich übermannt,
die Situation wie Brüste vor den Tagen
– etwas angespannt.
Mucksmäuschen still ist's, als die Nadel fällt
und sich in F.s Magen rammt: (Originalzitat)
„Mei, F., du bist halt behindert,
du bekommst halt keine Eins“.
Das ist krass, das ist nicht fair,
da müsste jemand jetzt was sagen.
Warum ich? Warum nicht er?
Widerspruch wird kein Kind wagen.
Niedergeduckt schweigen wir,
als würd' man uns für's Helfen schlagen.

Das Bitterste an der Geschichte ist,
dass sie dreißig Jahre her ist,
also weiß ich, wie sie endet,
und dass das Sich-Erinnern schwer ist:
F. wird früh sterben, kann passieren,
wenn Nieren ihren Geist aufgeben.
Niemand kann etwas dafür,

F. war krank, so ist das Leben.
Es ist nur ein Gedanke, der uns plagt,
denn es ist leider stadtbekannt,
dass F. lang tot in seiner Wohnung lag,
bis ihn endlich jemand fand.

Dreißig Jahre später, neue Klasse, neues Glück,
rote Haare sind heut hübsch,
große Brillen sind trés chic,
Hörgeräte sieht man nicht,
das ist wirklich taktisch dumm.
Wir brauchen Außenseiter*innen,
auf wem hacken wir rum?
Äußeres ist äußerst praktisch,
das sieht man auf den ersten Blick:

Mädchen, die grad Brüste kriegen
oder keine haben,
Mädchen mit zu großen Brüsten,
mädchenhafte Knaben,
Jungs, die viel zu klein sind,
Chantals mit strangen Namen,
oder Kinder, die so klug sind,
dass sie ständig etwas sagen,
Kinder, die zu still sind,
oder Kinder, die was haben,
die haben Asperger und ADS,
Hartz 4, Legasthenie,
die haben Kopftuch, Kippa,
Hautfarbe und LGBQT,

die sind einfach schrecklich anders,
und das akzeptieren wir nie,
und am schlimmsten sind ja die,
die das offensichtlich leben.
Also ran an die Frikandeln,
wir weißen, reichen Durchschnitts-Heten.
Nur nicht denken vor dem Handeln,
immer in die Fresse treten.
Wenn ich die Abnormalen schlage,
bin ich hardcore integriert,
und wenn alle ganz normal sind,
wird halt das schwächste Teil traktiert.
Alle glücklich, einer traurig
ist unterm Strich geil bilanziert.

700 Wörter später, langer Rede, kurzer Sinn,
geh'n wir ins Gehege,
seh'n wir eben mal nach drin':
Jedes Rudel, jedes Pack,
jedes zwangsverbundene Team,
alle haben Sonderlinge
und was machen wir mit ihnen?
Hören wir mal auf zu heulen,
aus Angst vor Häme zu parieren,
dem Gruppendruck nur standzuhalten,
indem wir Schwäch're drangsalieren,
andre knurrend abzuurteilen,
ohne uns zu interessieren.
Ein Menschenrudel schließt nur aus,
wenn das alle akzeptieren,

statt den Drang gefangener Wölfe
in Menschlichkeit zu transformieren.

Also sorgen wir dafür,
dass kein Wolf wirklich einsam wird
und dass keiner unsrer Wölfe
am Ende mal ganz einsam stirbt.

Anmerkung: Ich hätte nicht gedacht, dass ich eines Tages einen Text über Außenseiter*innen schreiben würde, denn ich halte das Thema Mobbing als Pädagogin für wahnsinnig wichtig, als Künstlerin jedoch für ziemlich ausgelutscht. Eines Nachts hatte ich einen dieser Flashbacks, der mich in meine Schulzeit zurückkatapultierte und mit F.s Schicksal und den damit verbundenen Gewissensbissen konfrontierte. Im Bett legte ich mir gedanklich den Text zurecht, als ich aufstand, war er fast fertig. Ich musste den Text eigentlich nur noch tippen. Ich kann nicht rückgängig machen, was damals passiert ist, und mein schlechtes Gewissen bleibt. Vielleicht rüttelt dieser Text den einen oder anderen Menschen wach und trägt so dazu bei, alltägliche Gemeinheiten zu entlarven und die Zivilcourage im Klassenraum zu stärken.

Wanderer der Nacht
2021

Irgendwann auf dem Weg von einem Slam zurück nach Hause saß ich im Auto, während im Radio im Rahmen einer Dokumentation über Lou Reed der Song „Take a walk on the wild side" gespielt wurde.

Der Song rief an diesem Abend in mir zahlreiche Erinnerungen hervor von abgefahrenen Partys, unvergleichlichen Freiheitsgefühlen und dem Leben als Tänzerin in New York. Mir wurde schlagartig klar, mit wie viel jugendlicher Emotionalität, mit wie vielen intensiven Erfahrungen dieser Song für mich verbunden ist und dass ich Musik nicht mehr so intensiv fühlen kann wie früher. Ich kann sie zwar inhaltlich besser einordnen und musikalisch besser begreifen, aber ich fühle sie weniger. Diese Tatsache hat mich sehr nachdenklich gestimmt. Noch auf derselben Fahrt habe ich begonnen zu texten:

She says, hey, babe – Take a walk on the wild side,
And she says: Doop doo doop doo doop, doo doop

Wir sind jung
und schon allein deshalb so schön und so wild,
und die Welt um uns herum
gehört allein uns, und sie stillt
nachts im Wagen der U-Bahn nach rastlosen Tagen,
das brachiale Verlangen nach Bassdrums im Magen.

Wir sind Wanderer der Nacht unter glaskristallklarem
Großstadtdach-Funkeln, in unsre Arme gesunken
auf noch warmem Asphalt, wir pogen volltrunken,
doch voll noch bei Sinnen, ein fast grobes Ertasten,
tunken Finger ins Weinfass und lassen uns munden,
fassen mit hastenden Händen in des anderen Innen.
Und fänden wir Fremdes, würd's in Neugier zerrinnen,
denn wenn etwas neu ist, dann lernen wir's kennen.
So frei noch von Scheu, so gierig nach Menschen,
nach Feiern und treu nur dem Sprengen von Grenzen.
Im Gemenge der Klänge entrinnen wir Zwängen,
den beengenden Gängen im Innern von Wänden.
Wir benebeln die Strenge im täglichen Streben,
springen entgegen den Regeln
von geebneten Wegen.
Wir verirren uns im Regen,
treiben und bleiben hängen.
Wir hassen die Hast,
deswegen lassen wir das
zwischen uns heut' nie enden.
Wir verweilen zwischen Stunden,
zwischen oben und unten.
Sind in uns verschlungen,
oh, verschlingen wir uns
in wildem Ringen um Zungen,
so tief das Gefühl, so dringlich empfunden.
Wir sind so durchdrungen.
Bring niemals uns Kühlung,
bleib unüberwunden.

Ach, Verstand, ja ich weiß,
du kommst mit den Jahren.
Es wird tagen, ich weiß,
und jeder Tag bringt uns Reife,
schiebt das, was mal war,
ganz leise beiseite,
zieht schwanengleich
kleine konzentrische Kreise
und dann schwant uns auf einmal
– mein Gott, wir sind Greise.
Wir sind alt und allein
schon deshalb so weise,
und die Welt um uns herum
gehört auf seltsame Weise
nach Großstadtdachnächten,
Anarchie und Verlangen
der Jugend, ihrer Neugier,
dem unstillbaren Drang.

Der Asphalt ist noch warm,
das Weinfass noch nicht ausgetrunken.
Wir halten uns im Arm,
allein *das* lässt doch Gicht auch gesunden.
Was galt, gilt noch immer,
nur meine Brust ist auf den Bauch gesunken.
Wir erkunden und ertasten
noch stets mit diesen Händen,
doch fänden wir Fremdes,
wir würden's schon kennen,
denn wir begreifen letztendlich,

wir sind alle nur Menschen.

Wir ziehen kleinere Kreise
und lehnen an Wänden,
die uns Sicherheit geben,
wir lernen langsam von Klängen,
die wir damals nur fühlten,
und das Gefühlte von damals
können wir endlich benennen.
Wir wissen viel mehr
und es ist schön zu erkennen,
wie reich wir gelebt haben
und wie heiß wir noch brennen.
Und ich beteure, ich fühle
weder Wehmut noch Reue.
Ich erinnere mich nur gern
an diese Kühnheit, diese Gier,
diesen untrübbaren Trieb
nach dem Sich-Verlieren im Hier.
Wir verstehen so viel mehr,
doch wir *fühl'n* weniger als ihr.

Also hey, babe, ich hatte meine Zeit,
aber du, baby, take your walk on the wild side…
She says, "Hey, babe, take a walk on the wild side"
She says, doop doo doop.

Der Coach
2022

Mein Mann trainiert seit vielen Jahren ehrenamtlich mehrere Basketballmannschaften. Ein Team hat er von der Minimannschaft bis zur Herrenmannschaft begleitet. Mit großer Bewunderung habe ich beobachtet, wie viel er den Kindern und Jugendlichen mitgegeben und wie viel er für sie getan hat. Die Personen in diesem Gedicht gibt es wirklich. Ihre Namen habe ich natürlich geändert, sie stehen repräsentativ für all die Kinder und Jugendlichen, die im Sport ein zweites oder sogar ihr einziges Zuhause gefunden haben. Der Text ist ein Dankeschön an alle Ehrenamtlichen und ein Appell an den Nachwuchs, es ihnen später mal gleichzutun.

Der Coach trainiert die Mini-Mannschaft,
offense rennen, defense Hocke.
Er klopft auf Schultern, bindet Schuhe,
richtet die unbequeme Socke,
muss Pflaster kleben, Sorgen nehmen,
Essen teilen, Tränen trocknen.
Er nimmt vieles mit nach Hause,
hängt nichts an die große Glocke.

Und die Horde wilder Spieler rennt über den Court,
als gäb's kein Morgen, keine Ziele,
keine Schule, keinen Hort.
Alle kleben am Ball,
ein tobender Haufen aus Freude.

Der Coach ist voller Lob für seine kopflose Meute.
Sie müssen lernen, was ein Team ist
und dass Strategie das Ziel ist,
die eigenen Grenzen akzeptieren,
sich immer wieder motivieren.
Sie müssen lernen, zu verlieren.
Sie verlieren in der Erstsaison jedes einzelne Spiel,
häng'n auf Ersatzbänken rum und das erfordert viel
Einsicht und Geduld.
„Am Verlieren ist keiner Schuld,
aber siegen", sagt der Coach,
„siegen werden wir gemeinsam,
weil jeder von euch eines Tages
seinen eigenen Teil kann."

Der gegnerische Trainer
kennt weder Teamgeist noch Gnade.
Er will die hundert Punkte knacken,
kein Foul ist ihm zu schade.
Endlich – steht's hundert zu vier,
er brüllt wie ein Stier,
dann richtet er die Blicke
auf die Tribüne zur Sippe
und twisted triumphierend
und wie ein Arschloch seine Nippel.
Der Coach behütet seine kleine Crew,
so gut er sie behüten kann,
und dennoch lern' sie heut dazu:
So fühlt sich Demütigung an.
Klein Mo fühlt sich schuldig,

er verfehlt immer das Ziel.
Er ist leicht übergewichtig,
sein Deutsch ist nur brüchig,
und Mo kann nicht viel.
Er ist ziemlich talentfrei,
aber er bewundert den Trainer,
so will er auch sein,
cool und stark so wie jener,
der ihn zweimal pro Woche
in seiner Freizeit trainiert,
der ihm zuhört, der ihn ernstnimmt,
der ihn immer motiviert.
Mo erlebt es nicht oft,
dass man ihn einfach akzeptiert.
„Hey Coach, ich treff' nie den Korb,
aber ich gehör' doch zur Crew.
Meinst du, ich kann später mal so werfen wie du?"
„Na klar", sagt der Coach,
obwohl er's selbst nicht wirklich glaubt,
aber er weiß, dass 'n Coach 'nem Kind
niemals die Hoffnung raubt.

Und Mo wird trainieren – in allen freien Sekunden,
geht in die Halle, auf'n Court,
dreht auf'm Sportplatz seine Runden,
wirft auf'm Freiplatz seine Bälle,
hat seinen Wortschatz gefunden.
Und der Coach sieht den Fortschritt,
sagt: „Auch 'n Job ist mal wichtig,
du sprichst doch zwei Sprachen,

was du machst, machst du richtig.
Du musst im Unterricht
so wie hier im Team funktionieren,
dann kannst du später mal wegziehen,
um Medizin zu studieren.“

Und die Kleinen werden groß
und stärker und Sieger.
Sie punkten haushoch
gegen die Schwächsten der Liga.
Doch der Coach nimmt ein Time out
und versammelt die Seinen:
„Bevor ihr sie kleinhaut,
ist es an euch zu entscheiden:
Hundert Punkte oder Demut und alle für einen?“
Die Spieler sehen sich schweigend an.
Der Coach versteht und dann weist er sie an:
„Ab jetzt passt jeder von euch
nur noch auf einen Mann.“
Dabei zeigt er auf den Kleinsten,
der beinah nichts kann:
„Heute wirfst du für dein Team
deinen allerersten Korb, Tom,
wir spielen dir zu, bis der Ball drin ist,
und du schaffst das schon.“
Und die Gegner dürfen aufholen
und Tom kämpft mit dem Ball.
Der Korb scheint unerreichbar hoch
und der Gegner überall
und nach dem zigsten Pass

passiert das magische Ding:
Erschöpft wirft Tom den Ball
und der Ball geht in den Ring.
Und genau dieser Moment
wird in Toms Seele tätowiert
und jedes Mal, wenn Tom
später den Glauben verliert,
sieht er den Ball im Korb
und wie die Mannschaft eskaliert.
Kein Job, kein Sieg, kein Trainergeld und kein Pokal
toppt diese Magie, dieses allererste Mal.

Und eines Tages stehen sie vor dem Coach,
all die Toms und all die Mos,
so erwachsen, solche Kanten
und doch im Hals 'n Kloß:
„Hey Coach, du weißt, mein Leben lief nicht,
bevor ich zum Sport fand,
und dass ich meinen Weg dir,
dem Team, dem Court verdank'.
Ich hatt' mit allen Menschen Beef,
hab nur Anschiss bekomm'.
Mich hat's innerlich zerrissen,
ich wär' vom Weg abgekomm'n,
ich hätt' die Schule hingeschmissen,
hätte Drogen genomm'n.
Ich hab 'n Studienplatz bekomm'n
und werd' in 'ne andre Stadt ziehen,
was ich dir sagen will, ist kitschig,
aber auch das krieg' ich jetzt hin:

Ich wollte dir aus tiefstem Herzen danke sagen.
Deinen Namen werd' ich immer
in meinem Herzen tragen.
Ich hatte hier die beste Zeit,
der Abschied liegt mir echt im Magen.
Du hast an mich geglaubt,
auch an den richtig schlechten Tagen.
Du hast dafür gesorgt,
dass ich zurecht komm im Leben,
deshalb hab' ich mir selbst
ein Versprechen gegeben:
Was du für mich getan hast,
will ich auch andren Menschen geben.
Ich hab' so oft auf dich gehört
und jetzt hör du mir gut zu,
ich sprech' nicht nur für mich,
ich sprech' für die ganze Crew:
Ich danke dir für einfach alles
und ich werd' mal Coach – wie du."

Anmerkung: Wir bedanken uns viel zu selten bei den Menschen um uns herum, die ein besonderes Engagement an den Tag legen. Ein Händedruck und nette Worte sind schön, aber einen Text kann man sich an die Wand hängen oder in die Schreibtischschublade legen und herausziehen, wenn man mal wieder an sich oder der Sinnhaftigkeit des eigenen Engagements zweifelt. Dieser Text hängt als Kopie inzwischen in einigen Vereinshäusern. Das Kopieren und Schenken ist bei diesem Stück ausdrücklich erlaubt.

Begnadete Hände
2022

Dieser Text ist nach einem Gespräch mit den Vorsitzenden der Grafschafter Kreishandwerkerschaft entstanden. Ich verabscheue Hochnäsigkeit, Dünkel und die Ignoranz mancher Gymnasiallehrkräfte. Akademiker*innen sind nicht besser als Handwerker*innen. Sie sind weder bessere Menschen noch ist ihr Beruf mehr wert. Mein Mann ist gelernter Zimmermann und ich habe mich, seit wir zusammen sind, immer wieder darüber geärgert, wie arrogant so mancher studierter Mensch mit Handwerker*innen umspringt – ein charakterliches Armutszeugnis. Wenn wir dieses armselig arrogante Bild der Zweiklassengesellschaft weiter aufrechterhalten, können wir einpacken:

Ein Stück Holz, ein Kokon, eine Pflanze, ein Stein,
Bronze, Gold, Silber, Titan, was darf's sein?
Ein Materialien-Buffet, aus Gaben so fein,
so genial und ästhetisch,
und jedes Ding fleht: „Ich
bin ein Geschenk deiner Erde.
Hier bin ich, gestalte mich
– und ich werde!"

Und ein Mensch mit wahrlich begnadeten Händen
hört's rufen und nimmt es zum Drehen und Wenden,
erkennt seine Zukunft, beginnt größer zu denken,
aus Gedanken werden Pläne, aus Plänen ein Drängen,
diese große Vision, dieses Werkes zu vollenden.

Erst wird dieser Mensch die Basis gestalten,
schafft Glas, Stahl, Keramik,
backt Brot, hobelt Balken.
Er gerbt, webt und schneidert,
sie schmiedet und schreinert,
er formt, schweißt, zerkleinert,
sie meißelt und meistert,
nichts kann sie mehr halten.

Denn erfindende Hände wollen Dinge kreieren.
Aus Federn, Zylindern, aus Schrauben, Scharnieren
werden Rohre, Möbel, Maschinen und hier
entstehen Tore und Wege und Brücken, die führen
unsre Bauten zusammen, bis sich alles berührt,
und was nicht vor Ort ist, das wird transportiert.
All das ist doch Handwerk, dem Ehre gebührt.

Seht euch um – jetzt grade – wie das fasziniert!
All die feinen, so schmeichelnden Stoffe um Hüften,
ein Handwerksgedicht, ein geschichtlicher Hüpfer,
aus unsren Uhren, Frisuren,
Schmuck, Schuhen und Düften
und unter kleidendem Leinen
lauter waschechte Schlüpfer!

Was hat uns das Handwerk doch alles erleichtert,
was hat es geschaffen, wie hat's uns bereichert!
Jawohl – und wir sind kurz vor dem Scheitern!

Die Erde hat gegeben
und wir wollten sie schröpfen,
denn der Mensch ist gewohnt,
aus dem Vollen zu schöpfen.
Es fehlt uns ja nicht an gebildeten Köpfen,
die kommen um die Ecke mit wilden Konzepten,
die reden von sich niemals erschöpfenden Töpfen,
von Wasserstoff, Sonnen- und Windenergie,
das ham wir im Kopf, doch die Frage ist die:
Wer baut jetzt die Dinger – ich oder Sie?
Hunderttausende fürs Handwerk?
Die kriegen wir nie.
Denn wer in diesem Land
Rang und Namen besitzt,
macht die Hochschulreife,
sonst biste ja nichts.
Abi ist gut, das steht außer Frage.
Es öffnet dir Tore und Türen,
Das Dumme ist nur,
heutzutage *musst* du mit Abi studieren.
Was ist schon das Handwerk?
Du beschmutzt dir die Hände,
du verschleißt deinen Körper,
deine Hornhaut spricht Bände,
bist ansehenstechnisch nicht am oberen Ende,
du wirst Arzt oder Bänker und Ende Gelände.

Und jetzt stehen wir da
und es packt uns die Angst.
Und endlich erkenn'n wir,

wir waren ignorant.
Es war nicht nur Verschwendung,
sondern auch Arroganz.
Wenn der Lack ab ist,
fehlt der Welt nicht nur der Glanz,
ohne schützende Schicht hat die Welt keine Chance,
und jetzt fehlen uns Lackierer,
denn kein andrer kann's.
Oder anders gesprochen,
dann verstehen wir es ganz:
Wenn du glaubst, dass der Mensch,
der den Siphon erfand,
mehr wert ist als der,
der ihn dir reinigen kann,
dann brauchst du nicht weiter zu warten,
geh nach Hause und scheiß in den Garten.

Und bist du dieser Mensch,
mit begnadeten Händen,
mit Geschick und Verstand
und dem Drang zu vollenden,
dann sei stolz auf dein Handwerk,
du kannst das Blatt wenden.
Ohne dich gäb's nur Pläne,
die andre sinnlos erfänden.

Und wir, die nur denken, ohne Kraft einzusetzen,
mit den sauberen Händen in den vorderen Plätzen,
machen Platz und lern'n endlich
das Handwerk zu schätzen.

Dien Hoff, mien Jung
2022

Mein Mann und ich kommen ursprünglich aus Berlin. 2004 war ich hochschwanger und kurz vor meinem zweiten Staatsexamen. Mein Mann beendete gerade seine Ausbildung zum Bautechniker und Berlin war pleite. Der Einstellungsstopp an Schulen und ein genereller Baustopp in Berlin zwangen uns, nach Stellen außerhalb Berlins zu suchen. So verschlug es uns 2004 in die Grafschaft Bentheim, eine sehr ländliche und landwirtschaftlich geprägte Region. Seitdem unterrichte ich an einem idyllischen kleinen Dorfgymnasium in Emlichheim viele Kinder, die in landwirtschaftlichen Betrieben aufwachsen. Ich bewundere ihre Verbundenheit mit dem familiären Betrieb, dem Beruf ihrer Eltern und den damit verbundenen Traditionen. Das belastende Schicksal der Hoferb*innen hat mich sehr berührt.

Ich fahr' über die Felder,
säe Saat und seh' sie wachsen,
helf' in die Welt den neuen Kälbern
und leide mit, wenn sie's nicht schaffen,
leg' mich nieder nach getaner Arbeit,
zufrieden mit all dem Vollbrachten,
und hör' die Stimme meiner Väter:
„Dien Hoff, mien Jung, sei ihm gewachsen."

Mein Großvater starb schon im Krieg
– als Schussfutter an einer Front.

Mein Vater, viel zu jung für alles,
hätt' damals nicht mehr weggekonnt,
verantwortlich für die Familie
und Felder bis zum Horizont,
ein Grabenland bittrer Kämpfe,
vermint, verwüstet und zerbombt,
und draußen wütete der Hunger,
kaum Hoffnung, dass noch Ernte kommt.
Und all das, was heute zu viel ist
an Dünger und an Pestiziden,
half beim Wachsen unsren Trieben,
half den Hunger zu besiegen.
Und die Menschheit explodierte,
spreizte ihre Mäuler breiter.
Wir pachteten Land und mehr Maschinen,
immer größer, schneller, weiter.
Wir bauten Ställe, machten Schulden,
dienten der oligopolen Leiter.

Ich als Ältester erbte den Hof,
eine Regel aus uralten Zeiten.
Nicht wollen, war keine Option.
Du trittst doch nicht den Wunsch der Alten.
Was Geschwisterkinder wollten,
interessierte damals keinen.
Ich übernahm die Tradition
und den Hof galt's zu erhalten.
So viel Druck und so viel Hohn,
würd' ich dagegen je entscheiden,
wär' ich die letzte Generation,

das würde man mir nie verzeihen.
Ich bin anders als die Väter,
bin bereit zum Umgestalten.
Meine Frau melkt nicht im Stall,
sondern steht auf eig'nen Beinen.
Das ist für die älteren Eltern
manchmal wirklich schwer zu greifen.

Ja, es *gibt* die reichen Bauern,
die sich mästen voller Gier,
und es *gibt* grausame Bauern,
wir verurteil'n sie wie ihr.
Die Dümmsten wollen nicht mehr reden,
aber das, das sind nicht wir.
Ich wünsche mir etwas mehr Ansehen
für das, was ich täglich tu.
Ich arbeite von früh bis spät,
ernähr uns alle – und du?
Ich bitte dich,
hör mir ein einz'ges Mal offenen Herzens zu:

Wenn ich mich auf den Höfen umseh',
seh' ich wie andre Kinder aufgeben,
weil die Last der Höfe schwer wiegt,
das hat's immer schon gegeben.
Und ich steh' vor meinen Kindern,
will's mir selbst kaum eingestehen,
selbst wenn sie den Hof haben wollten,
ich würd' ihnen raten, wegzugehen.
Für Hof und Haus und Zukunft

hab' das Beste ich gegeben,
doch ich kann dir nicht Gewissheit geben,
dass uns die Menschen zahlen und achten,
für die Pflanzen, die wir für sie ernten,
und die Tiere, die wir für sie schlachten.
Sie schreien zwar laut nach Tierwohl-Pflicht,
aber die einen, die wollen nicht zahlen,
und die andern, die können es nicht.
Ich wünschte, ihr dächtet bei jedem Kauf
nicht nur an möglichst wenig Geld,
sondern die Härte der Arbeit,
die Gesundheit der Kinder
und die Zukunft unsrer Welt.
Und wenn ihr Nahrung nicht zu schätzen lernt,
werdet ihr sehen, wie sie zerfällt.
Und sollte sich das nicht mehr ändern,
soll meinen Hof kein Kind mehr nehmen.
Lass ruh'n, mein Kind, verkauf den Hof,
und leb ein freieres, leichteres Leben.

Ich fahr' über die Felder,
säe Saat und seh' sie wachsen,
helf' in die Welt den neuen Kälbern
und leide mit, wenn sie's nicht schaffen,
leg mich nieder nach getaner Arbeit,
zufrieden mit all dem Vollbrachten,
und hör' die Stimme meiner Väter:
„Dien Hoff, mien Jung, sei ihm gewachsen."

Was ich meinen Töchtern, glaube ich, nie selber sagen würde
2023

Wie an dem Titel unschwer zu erkennen ist, bildet dieser Text die Fortsetzung des Söhne-Textes. Ich habe keine Töchter, aber habe seit 2015 die große Ehre, mir mit sehr jungen Slammerinnen die Bühne zu teilen. Manche von ihnen sind laut, schreiben provokative feministische Texte, einige zeigen viel Haut und führen ein sehr freies Leben. Aus ihren Texten und aus vielen Backstage-Gesprächen weiß ich, dass sie unter anderem mit Slutshaming konfrontiert werden. Ich schwanke zwischen tiefer Bewunderung für den Mut, die Kraft und Lautstärke dieser Frauen und meinen eigenen moralischen Grenzen. Eigentlich dachte ich ja, ich sei progressiv erzogen, aber meine Erziehung ist über fünfzig Jahre her und scheint im Nachhinein betrachtet nur semi-fortschrittlich gewesen zu sein. Inzwischen bin ich zu dem folgenden Schluss gekommen: Als Mutter wäre ich für meine Tochter eine Bürde, denn es gibt viele wichtige Dinge, die ich meinen Töchtern, glaube ich, nie selbst sagen würde:

Was ich meinen Töchtern, glaube ich, nie selber sagen würde:

Eigentlich ist es egal,
ob du sauber in dein Heft schreibst,
ob du den Tintenkiller nimmst
oder Dinge einfach wegstreichst,
ob du an deinen Heft-Rand

aus Herzchen ein Bukett reißt,
damit du dich der Lehrkraft
immer brav und adrett zeigst.

Wenn du zu jedem Menschen
jederzeit immer nur nett bleibst,
weil du Angst hast,
dass du einmal nicht so perfekt scheinst
oder andere durch Ehrlichkeit verletzt, heißt
das, du eckst nur nicht an, weil
du ein Stückchen von dir wegschleifst.

Natürlich ist es löblich,
wenn du allen Respekt zeigst,
doch das Leben ist kein Brav-Sein-
und Schönschreibe–Wettstreit.
Willst du nicht, dass die, die laut und wild sind,
über dich entscheiden,
musst du lernen, laut und wild zu sein
und nicht nur schön zu schreiben.

**Was ich meinen Töchtern, glaube ich, nie selber
sagen würde:**

Dein Körper ist ein Kunstwerk
aus Kraft, Haut und Form,
zeig ihn stolz dieser Welt,
mach deine Nacktheit zur Norm.
Je mehr Haut, desto besser,
denn wir haben vergessen,

dass Nacktheit nur Natur
und kein Aufruf zu Sex ist.
Mach deine Kleidung zum Statement,
sei frei und sei mutig.
Was du trägst, ist deine Wahl
und eine Wahl ist was Gutes,
Worte sollen wohlwollen,
und Blicke sollen schenken,
wehr' dich laut gegen solche,
die dich versuchen zu kränken.
Und je mehr sie's versuchen,
desto mehr musst du kämpfen.

Und wenn du Lust hast zu lieben,
dann lieb, wen du willst.
Folg deinen Trieben, sobald du sie fühlst,
lass dir niemals verbieten,
wenn du sie oft stillst.
Niemand darf dich Hure nennen,
keiner ist dazu berechtigt.
Jeder weiß, dass Lust bei Huren
meist leider nicht echt ist.
Du handelst frei und hast Sex
– das ist beides nichts Schlechtes.

**Was ich meinen Töchtern, glaube ich, nie selber
sagen würde:**

Dein Geist ist ein Feuerwerk
aus Intellekt und Emotion,

jeder Gedanke ein neuer Wert,
jedes Gefühl Explosion.
Ja, das Leben ist sehr ernst
und wir sind emotional,
aber damit man uns ernstnimmt,
bleiben wir rational.
Alles wird nüchtern betrachtet,
was für ein völliger Schwachsinn.
Am Ende siegt die Empathie
und es führt der Mensch mit Teamgeist.
Veränderung bringt die,
die glüht und die mitreißt.
Also schäme dich nie
für das, was deine Glut ist.
Bekämpfe sie nicht zu verbissen.
Ich möchte nicht, dass du sie kühlst,
denn es ist doch etwas Gutes,
wenn deine Mitmenschen wissen,
wie du dich fühlst.

Und ich weiß wirklich nicht,
was du noch leisten musst, mein Kind,
damit du erleben darfst,
dass wir mal gleichgestellt sind.
Der Kampf, den wir führen,
hat mich etwas ermüdet,
und ich bin mir nicht sicher,
welcher schrecklicher wütet,
der Kampf mit der Welt
oder der mit uns selbst.

Das Schicksal der Frauen
in manch andren Ländern
ist so fürchterlich grauenhaft,
du musst es verändern.
Kämpfe an der Seite deiner iranischen Schwestern.
Kämpfe an der Seite deiner afghanischen Schwestern.
Kämpfe an der Seite deiner tschadischen Schwestern.
Kämpfe solidarisch mit all deinen Schwestern
und kämpfe hier vor Ort
gegen die Regeln von gestern.
Sei tagsüber tapfer,
sammle Kraft nachts und schon dich,
denn jeder Kampf fordert Opfer
und jeder Kampf lohnt sich.

Aber morgen und an allen anderen Tagen
würde ich meine Töchter sehen
und, ich glaube, ich würde sagen:
Schreib bitte sauber
und pass dich der Gemeinschaft an.
Sitz lieber aufrecht
und nimm die Beine zusammen,
damit dir niemand in den Ausschnitt
und zwischen die Beine sehen kann.
Unsre Körper sind schön und irgendwie heilig,
also hab's bitte nicht so eilig.
Und selbst wenn du im Recht bist,
werde nicht emotional,
wenn dein Gegenüber dich belächelt,
ist, was du sagst oft schon egal.

Und es gibt zu viele Kämpfe,
es bringt nichts, wenn du dich aufreibst.
Also wähle deine Kämpfe weise.
Es muss nicht der sein, dass du so viel Haut zeigst,
weil ich Angst um dich hab',
noch ist unsre Welt gefährlich.
Und genieße dieses Feuerwerk,
denn es ist wundervoll – ehrlich.

Und da ist noch etwas,
das mir zu sagen sehr wichtig ist:
Ich bin zwar viel älter,
aber ich wachse durch dich,
Vielleicht gelingt's mir eines Tages,
ja, ganz hoffentlich
so wild, laut und frei zu sein,
wie du es schon bist.

Anmerkung: Dank der sehr feministischen Slamszene habe ich eine mentale Entwicklung durchgemacht, die mir als Lehrerin verschlossen geblieben wäre. Vor diesem Text habe ich schon einmal versucht, zu diesem Thema zu schreiben, doch während der Premiere habe ich gemerkt, dass ich noch nicht die richtige Form für das Thema gefunden habe. Wenige Tage danach hatte ich die Idee, das Muster meines Söhne-Textes noch einmal aufzugreifen, und schrieb diesen Text, der mir 2023 sowohl den Sieg auf den Landesmeisterschaften als auch den deutschsprachigen Meisterschaften einbrachte. Die Trennung von lyrischem Ich und Autorin ist in diesem Text offiziell aufgehoben.

Ich habe mich verliebt
2024

Meine ältere Schwester ist Flugbegleiterin und hat mich auf die Malediven mitgenommen. Auf dem Rückflug durfte ich diesen atemberaubenden Blick auf die winzigen paradiesischen Inseln im indischen Ozean in mich einsaugen. Ich bin so viel gereist, habe so viele Naturwunder auf dieser Welt gesehen, bin getaucht, geklettert und geflogen. „Ich habe mich verliebt" ist ein Gedicht der Dankbarkeit für die Schönheit unserer Erde, für mein privilegiertes Leben mit den vielen Möglichkeiten, die es mir eröffnet hat und die dazu beigetragen haben, dieses Paradies zu zerstören – ein schwer zu ertragender Widerspruch.

Ich bin in die Tiefen der Meere getaucht,
um durch Wasserhöhlen zu schwimmen
in das dunkelblaue Labyrinth der Cenoten
zu Zitronenfalter-Fischen,
flossenbeschwingten Bienen,
und Fischschwärmen
in nachthimmelblauen Abendkleidern,
zu altersweisen Schildkröten,
grasend an den letzten Korallen,
und Haifischen, friedlich streifend neben mir,
als würde diese Welt gespiegelt
in der Stille
unter der Decke des Ozeans.

Und ich fand
weißen Sand unter meinen tastenden Händen
und zwischen meinen Fingern,
mein Atem ein Rauschen
im aquamarinen Blau,
eine Astronautin,
schwebend,
gestrandet
im sich zur Ruhe bettenden Paradies.

Ich habe gotische Dome erstiegen,
schwankende Wolkenkratzer
und Jahrtausende alte Pyramiden.
Stufe um Stufe um Stufe um Stufe
in Granit gehauen,
aus Erz gegossen,
mit Schmerz und Krankheit und Kraft,
Demütigung und Demut
und Glauben an etwas Großes,
immer weiter in den Himmel
gebaut.
Und ich fand
kalten stählernen Stein unter meinen Händen
und an meiner Stirn,
gelehnt an zeitlose Mauern
wie eine alte Säule
sich verneigend,
sich schmiegend
ans zerfallende Paradies.

Ich habe Berge erklommen,
um auf Spitzen zu stehen,
Höhe, Hitze und Kälte zu spüren,
den Blick zu weiten
über Bäume, Wipfel, Wolken,
Gestein, Getier und Schluchten,
verbunden mit einem ziellos kreisenden Vogel,
getragen von Wind unter weiten Flügeln,
gleitend,
in der Hoffnung auf einen
liebevollen Fall
ins Moos
unter mir,
weich gebettet,
und der Geruch von Moos an mir
und in mir,
ein Hauch
von
Paradies
sich verflüchtigend
mit der Zeit.

Ich habe mich in die Lüfte geschwungen
durch sonnendurchflutete Nebelschwaden
in das Coelinblau des Tages
und den Sternenmantel der Nacht.
Ich habe Städte gesehen,
aus Lichtern gewebte Netze,
die geschwungene Fäden ziehen
von einem Lichternetz zum nächsten,

Ländereien
aus winzigen roten Stachelhäuschen,
wildwuchernd
zwischen Kornfelder gesät,
und Länder
aus Äckern, Felsen, Grün, Dünen, Schnee
und Inseln,
Tausende hellblaue Einzeller,
umhüllt vom Ozeanblau.
Flutend und verebbend,
flutend und verebbend,
flutend.

Ich habe alles gekostet:
Wurzeln, Früchte, Getreide, Fisch, Fleisch,
Flügel und Algen,
Zuckerrohr, Pilze, Gift und Samen,
geschmolzen
auf meiner Zunge.
Ich habe geboren und zerstört.
Ich bin Teil der Fruchtbarkeit,
des Lebens und des Untergangs,
bin Apfel, Eva, Schlange.

Und ich habe mich verliebt
in die letzte Koralle,
die Seerose im schwindenden Teich,
die schwindende Insel im Ozean.
Ich habe mich verliebt
in das sterbende Paradies.

Glut
2023

Wir leben in beunruhigenden Zeiten, deshalb habe ich
eine kleine Gute-Nacht-Geschichte geschrieben, mit der
wir alle ein bisschen besser schlafen können. Es ist ein
Märchen mit niedlichen Zwergen und gefährlichen Rie-
sen geworden. Schlaft gut!

Es war einst ein Land
voller Zwerge mit beachtlichen Qualitäten:
Sie schufteten hart, sie dichteten fein
und sie feierten festliche Feten.
Doch zuweilen zogen auch Zeiten auf,
da liefen die Dinge nicht rund,
im Zwergenland gab es kaum Arbeit,
Zwerg lebte vom Finger im Mund.
Das spürten des Zwergenvolks Spalter,
durchtränkt von gar bösen Gedanken,
sie schürten den Hass, sie gierten nach Macht
und sie brachten das Zwergvolk zum Wanken.
Die Zwerge, die sah'n, wie die Dämmerung kam,
doch die Finsternis ahnten sie nicht,
als sie's bemerkten, da war es zu spät
und die Mächtigen löschten das Licht.

Sie entfachten ein riesiges Feuer
aus Kriegen, Vertreibung und Mord.
Das brannte so vieles nieder
und raffte so viele hinfort.

Es machte das Land dieser Zwerge
zum grausamsten Zwergentod-Ort.
Die einen, die konnten entfliehen,
die anderen stimmten mit ein.
Sie wurden zu mordenden Flammen
in den lodernden Massakereien.
Sie wüteten und sie kriegten,
bis endlich ganz andere siegten.

Was blieb, war ein finst'res Vermächtnis,
rote Glut unter Trümmern aus Asche,
doch die meisten Zwerge erkannten,
verborg'ne Glut ist ein Geist in der Flasche,
der einmal vergessen und wieder befreit,
ganze Völker verdirbt und vernichtet.
Ja, die Glut, die die Ahnen einst schürten,
war die Schuld, die sie heute verpflichtet.

Und das Land der Zwerge erblühte
zu Reichtum und Frieden und Glanz,
doch weil Vergang'nes noch glühte,
freuten die Zwerge sich niemals so ganz.
Sie beschworen herauf eine Mauer,
nicht sichtbar, doch stark wie ein Berg,
gemauert aus einzelnen Ziegeln,
jeder Ziegel ein einzelner Zwerg.
Das Bauwerk hieß Rückgrat und Haltung,
Erinnerung, Würde, Verstand,
es bot Schutz den Armen und Schwachen,
es bot Schutz vor verheerendem Brand,

es war ein gar mächtiges Mahnmal,
das allein in Gedanken entstand.

Und die Grenzen des Kontinents fielen
– niedergerissen durch zwergige Hand,
jeder Zwerg konnt' jetzt reisen und werken,
vom westlichen bis ins östliche Land,
Minen im Norden und Minen im Süden
und Zwergbäuchlein brutzeln am Strand.
Und das, was entstand,
wurd' zur Ehre der Ur-Zwergin
einfach Euroma genannt.
Jedes Volk spoke ne eigene Lingua,
mai c'était doch herrlijk charmant.
Die Zwerge genossen die Speisen der andren,
dziękuję – die Tellerchen voll bis zum Rand.
Zwerglire, Zwergpesos, Zwerggulden, Zwergfrancs
und Zwergmark wurden feiernd verbannt.
Die gemeinsame Währung, die war jetzt halt Gold,
den Nachfahr'n als Geuro bekannt.
Die Minen florierten, der Geuro, der stieg,
der Reichtum wuchs really rasant,
das Ganze war friedlich,
die Zwerge war'n glücklich
und insgesamt grande entspannt.

Doch bald hatten die Zwerge zu kämpfen:
gegen Riesen und andre Despoten,
gegen Hitze und Dürre und Regen und Stürme,
die Ernte und Reichtum bedrohten,

Millionen von fremden Zwergen
floh'n ins Zwergenland, um dort zu wohnen,
die Zwerginnen wollten jetzt eigene Rechte,
das war doch so lange verboten,
die Rate der Zwergleingeburten
war jahrelang jetzt schon am Boden,
es fehlten die Zwerge in Minen
und Zwerge vom Goldberg ganz oben,
vergoldeten grad ihre Nasen,
wollten andre nur ranzig entlohnen,
und am schlimmsten an all dem Schlamassel
war'n die Zwerg*innen-Gender-Idioten.

Und der ein oder andre Zwerg
zerbrach unter riesiger Last.
Doch vergessen wir nicht,
jeder Zwerg war ein Ziegel
in der Brandmauer gegen den Hass.
Die Spalter, die nutzten die Gunst dieser Stunde
und schufen 'ne eig'ne Armee
aus Wutzwergen, Reichszwergen,
Zwerg-Funktionären und nannten sie AfZ.

Die Alternative für Zwerge
zog Ziegel mit leichten Devisen:
Vergiss mal die Glut, es wird alles gut,
wenn wir Zwergenlands Grenzen jetzt schließen,
wir wollen nur Frieden, drum paktieren wir wild
mit allen despotischen Riesen,
und Zwerginnen, die unsere Kinder gebären,

soll'n diese zuhause begießen,
wir senken die Steuern der Reichen,
dann könn'n die das Gold auch genießen,
und aus dem faschistischen Genderstern
wird ein Kreuz mit vier niedlichen Füßen.
Und wem das nicht passt, den schieben wir ab,
wir könn'n ihn auch einfach erschießen.

Und plötzlich erkannten die Zwerge,
das Bauwerk, das hatte so Tücken:
Fielen einzelne Ziegel heraus,
entstanden gefährliche Lücken
für die Fäuste des Feuers,
die Parolen der Hetzer,
die ließen sich kaum mehr ersticken.
Und die ersten krochen und schoben
schon die Hand auf die glühende Seite,
denn sie rochen die Macht der Ziegelzieher
und des Geistes, den diese befreite.

Sie durften die nicht verlieren,
die den Spaltern blind folgten in Scharen,
sie vergaßen die Glut, sie hatten nur Angst,
sie wollten das ihre bewahren,
Doch die Ziegelzieher, die gehören entlarvt,
und die, die das Zwergenvolk spalten,
bevor die Dunkelheit wieder hereinbricht
und sie uns das Licht ausschalten.

Ach, das war nur ein Märchen.
Gut, dass uns das Schicksal der Zwerge nicht blüht!
Und wenn du heut' Nacht in der Dunkelheit liegst,
schließ die Augen, wenn irgendwas glüht.
Es ist nur der Nachbar, ein Kollege, Verwandtschaft,
was soll ich da sagen? Ich will mich nicht streiten.
Nur der Lehrer im Netz, der Sportfreund der
Mannschaft,
das ist demokratisch, ich tolerier' and're Seiten.
Nur der grimmige Landwirt, die entfernte
Bekanntschaft,
die arbeiten hart und es sind schwere Zeiten.
Es ist ja nicht hier, nur die östliche Landschaft,
was soll ich schon tun so von Weitem?
Das ist keine Glut, nur die Wut mancher Menschen,
ich glaub' nicht, dass die einen Brand schafft.

Wenn du heut' Nacht in der Dunkelheit liegst
und irgendwas, irgendwo glüht,
schließ deine Augen, hab' keine Angst,
Aufwachen wäre verfrüht.
Wir wachen schon auf, wenn der Feuerdamm bricht
und die Welle die ersten verbrüht.

Epilog: Liebesbrief
(Slam-Duo „Sophie & Fabel" mit Matti Linke)
2023

Der folgende Text ist ein Team-Text, den ich mit meinem Duopartner Matti Linke verfasst habe. Matti Linke schreibt, wie ich, vornehmlich ernste lyrische Slamtexte. Das Team „Sophie & Fabel" zu bilden, war eine sehr gute Idee und große Bereicherung. Die Zusammenarbeit mit Matti ist ebenso freundschaftlich wie professionell, inspirierend und intellektuell herausfordernd. Mit dem „Liebesbrief" gewannen wir die niedersächsisch-bremischen Landesmeisterschaften 2023 im Team.

Erst während des Schreibens haben wir gemerkt, wie unterschiedlich wir unsere Texte rhythmisieren. Die getrennt gesprochenen Passagen schreibt und spricht deshalb jeder in dem Rhythmus, der sich für uns jeweils organisch anfühlt. Die gemeinsam gesprochenen Passagen trainieren wir entsprechend intensiv.
Ich bedanke mich herzlich bei Matti für einfach alles, auch die Abdruckgenehmigung für diesen Text.

Unser „Liebesbrief" beendet nun als Epilog diese Textsammlung. Herzlichen Dank, dass du sie gelesen hast!

Leselegende:
normaler Druck: Matti
kursiver Druck: Theresa
fetter Druck: beide zusammen

Liebesbrief an die Schülertypen, die immer wieder drohen,
in unserem System unterzugehen,
und an die Lehrkräfte, die diese Schüler trotzdem
sehen, trotzdem verstehen

1: Ich bin angepasst.

Du machst jeden unsrer Tage genau das, was ich sage:
Buch raus, Heft auf, stillgesessen, aufgepasst,
Hand hoch, nett drauf. Du isst nur, wenn du Pause hast.
Du meldest dich, beschwerst dich nicht,
belehrst mich nicht, du nervst mich nicht
und lernst sogar ganz gern für dich.
Es grenzt schon an ein Wunder,
dass du noch immer existierst.
Unter all den kleinen Wundern
wirst du kaum noch registriert.
Das System gerät ins Wanken,
wenn du auch noch resignierst.
Ich wollt' dir dafür danken,
dass du einfach funktionierst.
Ich mach' mir selten über dich Gedanken,
doch ich will, dass du kapierst:
Ich sehe dich und merke auch, wenn du dich mal verlierst.

Ich halte mich ganz gern bedeckt.
Zum Anecken fehlt mir der Sinn.
Im Unterricht komm' ich gut mit,
auch wenn ich manchmal ratlos bin.
Ich fliege oft unter'm Radar,

so, wie es bei mir immer war.
Doch obgleich ich nicht gern im Mittelpunkt steh',
bin ich trotzdem da.
Ich höre gerne, dass ich brav bin,
weil das als Schüler meine Pflicht ist,
obwohl man doch mehr Aufmerksamkeit kriegt,
wenn man es nicht ist.
Aber das ist halt nicht mein Ding,
und das kann ich gern gesteh'n.
Zum Glück gibt's auch die Lehrkräfte,
die mich trotz allem seh'n.
Ja, es geht oft um die anderen,
doch manchmal geht es auch um mich.
Ich verspreche dir, ich sehe dich und behalte dich im Blick.

2: Ich bin hochbegabt.

Du bist so scheißeschlau,
so viel schlauer noch als ich es war.
Du weißt alles ganz genau
und was du nicht weißt, schlägst du nach,
und über das, was du nicht findest,
denkst du nach, bis du's ergründest.
Ich weiß, wie du dich langweilst
und dass dich niemand richtig fordert,
es ist mir etwas peinlich, dass dein IQ mich überfordert.
Wir investieren viel in die Leistungsschwachen,
damit wir diese nicht verlieren,
doch dann fehl'n Geld, Zeit, Nerv und Kraft
für die, die überfunktionieren.

Oft geht es um die anderen, denn zu viele fallen durchs Netz,
doch nur weil du nicht durchfällst,
heißt das nicht, dass du dich nicht verletzt.

Ich überleg' mir jeden Tag,
ob sich das Zuhören heute lohnt,
und bin den vorverdauten Wissensbrei
im Stundentakt gewohnt.
Oft sitz' ich rum und bin benommen,
weil ich 2, 3 Schritte weiter bin,
was andren hilft zum Vorwärtskommen,
ergibt für mich halt oft keinen Sinn.
Und dann heißt es, ich bin faul
oder verträumt oder nicht reif genug.
Doch werd' ich nicht gefordert,
ist das auch eine Form von Leistungsdruck.
Und doch weiß ich, ich ticke anders,
im Lernen und Verstehen.
Doch zum Glück gibt's auch die Lehrkräfte,
die mich trotz allem sehen.
Nicht herauszustechen und durchzudrehen,
das erfordert viel Geschick.
Ich verspreche dir, ich sehe dich und behalte dich im Blick.

3: Ich bin still.

Du bist so schrecklich still.
Du wirst rot, wenn ich dich drannehm'.
Es ist egal, was ich grad will.
Du findest reden nicht so angenehm,

deine Antwort soll was wert sein,
jedes Wort könnte verkehrt sein,
also hast du dir den Mund verboten
und kassierst halt schlechte Noten.
Die Vier mündlich tut mir wirklich leid,
denn ich weiß, dass du das meiste weißt
und ich weiß, es gibt viel Schlimmes,
über das Kinder lieber schweigen,
wenn du ein Fünkchen Mut hast, nimm es,
um ein wenig nur von dir zu zeigen.

Ich geh' ganz gerne in die Schule.
Ich mag Deutsch und auch Geschichte.
Doch die Angst, mich zu blamieren,
macht mir den Spaß daran zunichte.
„Wer weiß die Antwort?", fragt der Lehrer,
und ich weiß, ich kenn' sie gut,
doch um den Arm zu heben,
fehlt mir oft die Kraft und auch der Mut.
Ich träume nachts, dass alle lachen
und ich im Erdboden verschwinde,
träume tagsüber davon,
dass ich die Angst bald überwinde.

Einfach einmal meinen Arm zu heben,
das muss doch irgendwie gehen.
Und natürlich weiß ich, dass das geht,
doch theoretisch heißt nicht praktisch.
Wer mit Angst kämpft, denkt nicht rational,
nicht vorbildlich, nicht taktisch,

und ich weiß auch, dass es Lehrer gibt,
die mich damit verstehen,
die mich trotz all der stillen Wände,
die ich um mich trage, sehen.
Ja, es geht oft um die anderen,
doch manchmal geht es auch um mich.
Ich verspreche dir, ich sehe dich und behalte dich im Blick.

4: Ich bin rebellisch.

Du bist die pure Rebellion,
du gehst ständig auf die Barrikaden,
Wissen interessiert dich schon,
Schule ist halt nicht dein Laden.
Du hasst dieses System
und all die Menschen, die sich diesem beugen.
Du weißt, es kann auch anders geh'n,
auch wenn das alle immer leugnen.
Du hasst auch die meisten Lehrer,
Faulheit, Ignoranz und Strenge.
Du wirst wild und ungehobelt,
treibt dich jemand in die Enge.
Wir brauchen Menschen,
die für sich und andre mutig mal das Wort erheben,
und die sich nicht nur für gute Noten
viel zu schnell geschlagen geben.
Ich respektier' deine Kritik,
seh' deine Willenskraft und deinen Mut,
ich wollte dir nur sagen, dass du so tough bist, find' ich gut.
Und jetzt bin ich mal an der Reihe,

jetzt stehe ich einmal im Mittelpunkt.
Und wehe jedem,
der es wagt und mir dabei dazwischenfunkt,
„Was willst du sein, wenn du mal groß bist?"
Das fällt mir sicher später ein,
doch weiß ich mit Bestimmtheit,
ich will sicherlich kein Lehrer sein.
Denn wenn die Lehrkraft mit mir spricht,
wirkt das künstlich und gestellt,
doch von Zeit zu Zeit passiert es,
dass ein Didaktikpanzer fällt.
So war's in Deutsch mal,
als wollte meine Lehrerin mir etwas zeigen,
als sie fragte:
„Was glaubt ihr, warum wir Menschen eigentlich schreiben?"
Und nach vielen Gründen
machte es auf einmal bei mir „klick",
denn Menschen schreiben, reden, dichten
auch aus ehrlicher Kritik.
Sie sind trotzig und rebellisch,
aber nicht erfüllt von Zorn.
Sie kritisieren das System
und finden dafür eine Form.
Vielleicht war das der Punkt,
den die Lehrerin mir zeigen wollte:
Formulier deine Kritik
und dann beginn mit der Revolte.

Ja, macht die Klassen doch noch größer,
füllt mit Kindern unsere Hallen,

auf dass die Maschen größer werden,
durch die so viele Kinder fallen.
Malt mit grau an unsren Wänden,
so, dass sich die Kanten glätten.
Raubt den Kindern ruhig die Lust
auf all die Chancen, die sie hätten.
Baut Schablonen aus dem Nichts,
in die wir unsre Kinder pressen.
Gebt der Zukunft unsres Landes
alte Lehrpläne zu fressen.
Spart an Erziehern, an Sozialarbeitern,
spart an allen Ecken,
auf dass Kinder mit Besonderheiten
im System einfach verrecken.

*Statt auszubrennen, brennen wir für die,
die scheitern am System,*
Und wir kämpfen für die Lehrenden,
die diese Kids verstehen.

Ja, crasht doch bitte das System,
denn wir geben einen Fick.
Bricht auch manchmal unser Wille,
bricht doch nie unser Genick.
Wir versprechen euch, wir sehen uns
und wir behalten uns im Blick.

Empfehlung: Poetry Slam Sammelbände

Themenband 1
ISBN: 978-3-98809-002-7

Themenband 2
ISBN: 978-3-98809-004-1

Themenband 3
ISBN: 978-3-98809-009-6

je Themenband
12,95 EUR (DE)
13,40 EUR (A)
15,00 CHF (CH)

Themenband 4
ISBN: 978-3-98809-023-2

Themenband 5
ISBN: 978-3-98809-025-6

Unser gesamtes Programm gibt's unter:

www.dichterwettstreit-deluxe.de/shop

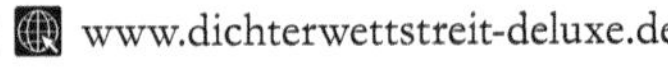

www.dichterwettstreit-deluxe.de

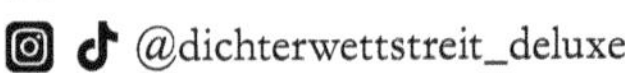

@dichterwettstreit_deluxe